U0851061

【小学国学经典教育读本】

论语

顾问 于永正 江庆柏

主编 黄甫林

南方日报出版社
NANFANG DAILY PRESS
中国·广州

本册主编 马建民 郭学萍 徐瑾

副主编 罗炬

第二次修订

全彩全解

图书在版编目(CIP)数据

论语 / 黄甫林主编. — 广州 ：南方日报出版社，2012.3
(2025.5重印)
(小学国学经典教育读本)
ISBN 978-7-5491-0520-5

Ⅰ.①论… Ⅱ.①黄… Ⅲ.①儒家②论语—少儿读物
Ⅳ.①B222.2-49

中国版本图书馆 CIP 数据核字(2012)第 031982 号

XIAOXUE GUOXUE JINGDIAN JIAOYU DUBEN: LUNYU
小学国学经典教育读本:论语

主　　编:黄甫林
出版发行:南方日报出版社
地　　址:广州市广州大道中 289 号
出 版 人:周山丹
责任编辑:方　明
责任校对:阮昌汉
责任技编:王　兰
装帧设计:姜　嵩
封面绘画:薛　峰
经　　销:全国新华书店
印　　刷:合肥远东印务有限责任公司
开　　本:710 mm×960 mm　1/16
印　　张:8
字　　数:100 千字
版　　次:2012 年 3 月第 1 版
印　　次:2025 年 5 月第 24 次印刷
定　　价:19.80 元

投稿热线:(020)87360640　　**读者热线:**(020)87363865
发现印装质量问题,影响阅读,请与承印厂联系调换。

前言

伴你读——《论语》

亲爱的同学，你知道我国哪位历史人物被联合国教科文组织列入世界十大历史名人吗？

他就是我国春秋末期著名的思想家、政治家、教育家，儒家学派的创始人——孔子。孔子，名丘，字仲尼，鲁国陬邑(今山东曲阜东南)人。相传他先后有弟子三千人，其中著名的有七十余人。可以说，孔子的思想学说已经成为中国传统文化的重要组成部分，对中国乃至世界产生了广泛而深刻的影响。

孔子的思想学说比较集中地体现在《论语》一书中。《论语》共二十篇，是孔子弟子及其再传弟子关于孔子言行的记录。《论语》的“论”读作“lún”，指按一定的次序排列言论。《论语》言简意赅，内容丰富，发人深省，它以伦理教育为主，包括哲学、政治、经济、历史、艺术等多个方面，从中可以看到当时的政治、社会情况，看出孔子的思想和主张，也可以看出孔子和他的弟子的人格修养、处事方法、治学态度。书中很多语句，沿用至今，成为格言或成语，如巧言令色、吾日三省吾身、温故而知新、见贤思齐、不耻下问、文质彬彬、有教无类、欲速则不达……这些都值得我们认真学习、体会。

然而孔子的思想不可避免地具有时代的局限性，因此，原书的部分条目对小学生来说不是太深奥，就是存在封建糟粕。而本书是由一批大学教授、教材专家和特级教师共同选编出来的，弃其糟粕、取其精华，具有很强的专业性和针对性，非常适合小学生学习。

为了便于大家更好地阅读、学习这本古代经典著作，我们设计了“经典原文”+“经典注释”+“经典解说”+“经典故事(经典链接)”+“经典拓展”+“国学点睛”的编写体例。

“经典原文”：由高校古典文献教授确定专业版本，并由多位专家从《论语》的二十篇中，精选出适合小学生阅读的经典条目，采用楷体大字注音的方式呈现出来，便于学生阅读，利于学生用眼卫生。

“经典注释”：由大学教授和特级教师共同注释，确保针对性和专业性。注释尽可能详尽，如“诲女知之乎”中“诲”的注释是：“教诲，这里指教给知识。”

“经典解说”：对“经典原文”进行翻译，注重语言文字的简洁、准确和规范，利于学生理解；对于一些经典语句没有充分展开说明的，还进行了点评或提示。如“曾子曰：‘君子以文会友，以友辅仁。’”书中对其进行翻译后，还补充道：“这句话强调君子交友的方式和作用。人们以文会友，不仅是为了加深了解、发展友谊，同时也通过互相交流切磋，提高各自的学识水平和仁德修养。”

“经典故事（经典链接）”：为了让学生更好地感受、理解“经典原文”，我们在每篇“经典原文”后都配有“经典故事”或“经典链接”，呈现与“经典原文”有关的历史故事、神话传说、典故轶闻、成语故事、寓言故事、俗语、古谚等，适合相应年龄段学生阅读。如《论语·为政篇第二》：“子曰：‘由，诲女知之乎？知之为知之，不知为不知，是知也。’”该部分即编选故事《“实事求是”的由来》。

“经典拓展”：为了使学生更好地理解、运用“经典原文”，本书由特级教师根据学生的知识基础，结合“经典原文”，进行适当地拓展，注重趣味性和可操作性，如《论语·学而篇第一》的拓展有：“有人说，只要学习好，就是好学生。你同意这个看法吗？说说你的见解吧！”

“国学点睛”：每篇“经典故事”最后大都介绍一则国学常识给学生，如“什么是科举制”“‘令兄’和‘令妹’的‘令’是什么意思”……语言简洁，内容专业，极大地丰富了学生的国学知识，拓展了学生的视野，让国学经典变得可感、可知、可学，不再枯燥乏味。

国学经典，博大精深。希望小朋友认真学习国学经典，做一个胸怀祖国、放眼世界的中国人！

目录

xué ér piān dì yī
学而篇第一

经典原文

zǐ yuē xué ér shí xí zhī bú yì yuè
子曰:“学而时习之,不亦说

hū yǒu péng zì yuǎn fāng lái bú yì lè hū
乎?有朋自远方来,不亦乐乎?

rén bù zhī ér bú yùn bú yì jūn zǐ hū
人不知而不愠,不亦君子乎?”

经典注释

子:古代对男子的尊称,这里指孔子。孔子(前551—前479),名丘,字仲尼,鲁国陬(zōu)邑(今山东曲阜东南)人,春秋末期思想家、政治家、教育家,儒家的创始者。 **时习**:按时温习。时,按时。 **朋**:志同道合的朋友,也指前来求学的人。 **不亦说乎**:不是很愉快吗?说,同“悦”,愉快。 **知**:了解。 **愠**:生气,恼怒。 **君子**:指有才德的人。

经典解说

孔子说:“学习了并且按时去温习实践,不也是令人愉悦的吗?有志同道合的朋友从远方来,不也是令人快乐的吗?别人不了解我,我却不生气,不也是一位君子吗?”

经典链接

《论语》中的君子和小人：《论语》中，“君子”一词出现了一百多次，主要指有才德的人，有时也指学问深、地位高的人。而与“君子”相对的“小人”，在《论语》中出现了二十多次，主要指道德品行低下的人，也指学问差、地位低的人。

经典故事

将相和

战国时，赵国大臣蔺（lìn）相如出使秦国，智勇双全地完成了任务。后来他又在渑（miǎn）池会上立了大功，赵王封他做了上卿，官位在武将廉颇之上。廉颇自认为为国出生入死，功劳更大，所以经常故意为难蔺相如，但蔺相如却躲着他，不和他起冲突。蔺相如的部属看不过去，就问：“您为什么要这样忍让？”蔺相如说：“赵国现在正受到秦国的威胁，如果我和廉将军闹矛盾，朝廷就会分裂，外强必然入侵，赵国就危险了！”

廉颇听说后很惭愧，立刻登门负荆请罪，从此将相二人结成了生死之交。

欧阳修的“三多”

北宋著名文学家欧阳修将自己的学习经验总结为“三多”：一是多看，就是多读优秀作品；二是多做，就是多练习写作；三是多商量，常常和别人商讨学问。正因他一直坚持做到这三点，年轻时就名噪天下。即使到了晚年，他还逐一推敲、修改写过的文章，并且常说：“文章不厌百回改。”欧阳修这种刻苦的治学精神，非常值得我们学习。

经典拓展

1　读了上面两则故事，你认为蔺相如和欧阳修分别具备哪些美好的品质？

2　古今中外，关于学习的名言有很多，除了本篇中的“学而时习之”以外，你还知道哪些有关学习的名言名句？请写下来吧。

3　填一填。

子曰：“学而时习之，不亦_____乎？有朋自远方来，不亦_____乎？人不知而不愠，不亦________乎？”

国学点睛

《论语》的由来。

《论语》是中国儒家经典之一，是记录孔子及其弟子言行的一本书。《论语》中的“论”读作“lún”，指按一定的次序排列言论。西汉时有今文本的《鲁论》和《齐论》及古文本的《古论》三种，西汉末年安昌侯张禹根据《鲁论》，参考《齐论》，编出定本，号《张侯论》。现在看到的《论语》是东汉郑玄混合《张侯论》和《古论》而成，共二十篇，是研究孔子思想的主要资料。宋代把《论语》与《大学》《中庸》《孟子》合称为“四书”。

有声朗读

经典原文

zǐ yuē qiǎo yán lìng sè xiǎn yǐ rén

子曰："巧言令色，鲜矣仁。"

经典注释

巧言：指花言巧语。巧，指好。 **令色**：面色和善。这里指以恭维的态度讨好别人。 **鲜**：少。

经典解说

孔子说："花言巧语、常做出讨人喜欢样子的这种人是很少有仁德的。"

经典故事

巧言令色

唐朝时，唐玄宗的宰相李林甫不踏踏实实地办事，而是一味迎合玄宗的意旨。不仅如此，他还使用不正当的手段结交玄宗的亲信。因此，他很得玄宗的宠信，在朝中做了近二十年的官。李林甫和一般人打交道时，也总是表现出很和善的样子，嘴里尽说好听的话，但常常在背地里害人。时间一长，人们就发现了他的这种伪善，便说

他“口有蜜，腹有剑”，就是嘴上甜甜蜜蜜，心中利剑害人。

唐朝还有一个官员叫李义府，他平常无论和谁说话，都先咧开嘴笑，表现出十分诚恳、友好的样子，而实际上，他的心地既刻薄又奸诈。日子久了，人们也发现了他的真面目，就在背地里说他“笑中有刀”。

像李林甫和李义府这样的人是没有仁德的，因为他们巧言令色，一不小心，人们便会上当受骗。

经典拓展

1　历史上还有哪些像李林甫和李义府这样没有仁德的人？给大家讲讲他们的故事。

2　“巧言令色”的近义词和反义词分别有哪些？

3　填一填。

（1）子曰：“巧言令色，鲜矣____。”

（2）在生活中，我们应当成为一个______________的人，而不是一个巧言令色的人。

国学点睛

什么叫“社会”？

“社”原指祭神的地方，“会”就是集合。“社会”的字面意思是人们为祭神而聚集在一起。后来日本学者将英文“society”译为“社会”，近代中国学者袭用此词。

经典原文

zēng zǐ yuē wú rì sān xǐng wú shēn wèi

曾子曰："吾日三省吾身：为

rén móu ér bù zhōng hū yǔ péng you jiāo ér bú

人谋而不忠乎？与朋友交而不

xìn hū chuán bù xí hū

信乎？传不习乎？"

经典注释

曾子：姓曾，名参（shēn），字子舆。孔子的学生，儒家学派的代表人物之一。 **吾**：人称代词，我。 **日**：每天。 **三省**：多次进行自我检查。三，泛指多次。一说，实指，即下文所说的三个方面。省，自我检查、反省。 **为人谋**：替人谋划事情。 **忠**：竭尽自己的心力。 **信**：诚信。 **传**：指老师传授的知识。孔子教学有"六艺"：礼、乐、射、御、书、数。

经典解说

曾子说："我每天多次检查、反省自己：帮别人出主意、做事，是否尽心竭力呢？和朋友交往，是否诚实守信呢？老师所传授的知识，是否复习了呢？"

经典故事

不空不松，从严以终

我国著名数学家华罗庚，是江苏金坛人。他通过自学，在《科学》上发表了文章，后曾在英国、美国任教。1950 年，他满怀爱国热忱，毅然从美国回到中国。

有一次，华罗庚应邀到母校金坛中学（现更名为华罗庚中学）讲演，他语重心长地说："我们应该有勇气、有志气战胜各种困难。对我个人来说，现在还是会有困难。什么困难呢？第一就是自己已有成果了，在国内外有名望了，认为可以不要学习了。而且年纪也大啦，指导人家搞科研，自己少吃点苦吧。如果这样想，那就是个危险，这是自己造成的一个困难。这就是说战胜自己是第一难题，战胜了才能前进。"

华罗庚还常告诫自己："树老怕空，人老怕松，不空不松，从严以终。"他说："在已经有所收获的时候，常常会得意忘形，自己打垮自己。因此，我要时刻警惕，要严格要求自己。"

经典拓展

1　陶行知是一位伟大的教育家，他曾给育才学校的学生做"每天四问"的演讲。请查查资料，陶先生具体提出了哪"四问"？你做到了吗？

2　说说你对"吾日三省吾身"这句话的看法。

国学点睛

什么是科举制？

科举制是一种通过考试来选官的制度，它产生于隋朝。唐、宋、辽、夏、金以及后来的元朝都沿用并发展了科举选官制度。明、清时期，科举制度达到了全盛期。

经典原文

子曰（zǐ yuē）：“弟子入则孝（dì zǐ rù zé xiào），出则（chū zé）弟（tì），谨而信（jǐn ér xìn），泛爱众（fàn ài zhòng），而亲仁（ér qīn rén）。行有余力（xíng yǒu yú lì），则以学文（zé yǐ xué wén）。”

经典注释

弟子：指年少的人。　**入**：在家。　**孝**：孝敬父母。　**出则弟**：外出要尊敬年长的人。出，外出、出门。也指离开自己住的房屋。弟，同“悌”，敬爱兄长，泛指敬重年长的人。

经典解说

孔子说：“年轻人，在家要孝顺父母，外出要尊敬年长的人，做人言行要谨慎，要讲信用，广泛地关爱众人，并主动亲近有仁德的人。做到这些之后还有余力，就去学习各种文化知识。”

经典故事

少年孙中山

孙中山是中国近代伟大的民主革命家，名文，字德明。他十几岁的时候，就去美国帮助哥哥孙眉打理生意。

为了能管好店务，孙中山刻苦学习了几个月，就学会了珠算和记账的方法，并练得一手好字。在和当地人的接触中，他还学会了当地人的日常用语。孙眉见弟弟勤快好学，每次来店里时都要表扬他几句。有一次，孙中山缠住哥哥说：“你还是送我去读书吧！我不想做生意。我要读书，救国救民！”“哈哈，做生意有了钱也可以救国救民嘛。你如果坚持要读书，那就好好地读书吧！”孙眉最终答应了弟弟的请求。

从此，孙中山如饥似渴地学习各种文化知识，探寻救国救民的真理。后来，他为中国的民主革命事业做出了巨大的贡献。

经典拓展

1　有人说，只要学习好，就是好学生。你同意这个看法吗？说说你的见解吧。

2　你知道历史上有哪些孝顺父母的故事？给大家讲一讲。

3　你知道《弟子规》“总叙”的内容吗？并说说“总叙”与本则“经典原文”的关系。

4　填一填。

作为一个现代人，我们同样应该继承中华民族的传统美德，成为“入则____，出则____，谨而____，泛爱众，而________”的人。

国学点睛

什么是“八股文”？

八股文，是明清科举考试制度所规定的一种文体。要求文章中必须有四段两股排比对偶的文字，共八股，所以叫八股文。

经典原文

yǒu zǐ yuē xìn jìn yú yì yán kě fù yě gōng jìn yú lǐ yuǎn chǐ rǔ yě yīn bù shī qí qīn yì kě zōng yě

有子曰："信近于义，言可复也。恭近于礼，远耻辱也。因不失其亲，亦可宗也。"

经典注释

有子：有氏，名若。孔子的学生。 **近**：符合，接近。**复**：实践，实行。 **远**：避免，免去。 **因**：依靠，凭借。 **宗**：尊崇，尊奉，可靠。

经典解说

有子说："承诺要符合义，这样的承诺才能遵守实践。待人恭敬，符合礼仪的要求，才能避免耻辱。所依靠的，应当是亲近自己的人，(只有这些人)才是可尊崇且靠得住的。"

经典故事

约法三章

秦末，项羽和刘邦领导的两支起义军成为反秦的主力。

公元前207年，项羽率军消灭了秦军的主力。第二年，刘邦带领大军攻入关中，率先进入咸阳(秦朝国都)。为了取得关中百姓的信任，刘邦把关中各地有威望的人召集起来，郑重地向他们宣布："今天我先和诸位父老订下三章之约，让关中百姓放心。”父老们关切地问：“是哪三章？”刘邦说：“第一章，杀人者处死；第二章，伤人者抵罪；第三章，抢劫、盗窃者也要抵罪。其他的秦法都废除。”百姓们一直受严苛的秦法迫害，听了这话，非常高兴，纷纷回去传播。就这样，刘邦很快就取得了关中百姓的拥护，这为后来建立汉朝打下了基础。

而项羽呢，率军进入关中后，纵容部下烧杀抢掠，失去了民心，最终导致了刎(wěn)颈乌江的悲惨结局。

经典拓展

1 你知道下面这些诚实守信故事的主人公分别是谁吗？连一连。

打碎花瓶的故事	华盛顿
砍樱桃树的故事	列　宁
立木赏金	季　布
一诺千金	商　鞅

2 诗歌诵读。

中和乐九章(节选)

[唐]卢照邻

若有人兮天一方，忠为衣兮信为裳。

餐白玉兮饮琼芳，心思荃兮路阻长。

经典原文

zǐ yuē jūn zǐ shí wú qiú bǎo jū wú
子曰："君子食无求饱，居无

qiú ān mǐn yú shì ér shèn yú yán jiù yǒu dào
求安，敏于事而慎于言，就有道

ér zhèng yān kě wèi hào xué yě yǐ
而正焉，可谓好学也已。"

经典注释

安：安逸。 **敏**：敏捷。 **慎**：谨慎。 **就**：靠近，接近。**有道**：有道德修养的人。 **正**：匡正。

经典解说

孔子说："君子吃饭不追求饱足，居住不追求享受安逸，做事勤快敏捷，说话小心谨慎，向有道德修养的人看齐，时时改正自己的缺点、错误，（这样做）就可以说他很好学了。"

经典故事

范仲淹寒窗苦读

范仲淹是北宋著名的政治家、文学家，他从小读书就十分刻苦。青年时代，他独自前往应天府（在今河南商丘）求学。

据说有一次，宋真宗出行的车马路过应天府，人们争先恐后地去看皇帝，范仲淹却闭门不出，仍然埋头读书。有个和他要好的同学气喘吁吁地跑来叫他："快去看，千万不要错过这个机会！”但他只说了句“将来再见也不晚”，便继续读他的书了。有时他疲乏到了极点，就用冷水洗脸以打起精神继续读书。他的生活很艰苦，靠喝粥度日，有时一天只能喝上一顿粥。这是一般人难以忍受的，范仲淹却从不叫苦，因为他在书中找到了乐趣。

功夫不负有心人，范仲淹寒窗苦读多年，终于成为一个博学多才、德行高尚的人。

经典拓展

1　你知道历史上还有哪些名人勤奋好学的故事？请你说说。

2　填一填。

范仲淹最终成为一个博学多才、德行高尚的人，是因为他不追求________，不追求________，敏捷地对待________，谨慎地对待________，接近________，从而匡正自己的行为，成为一个________、________的人。这正如孔子所说：“君子________，________，________，________，________。”

国学点睛

什么样的人被称为秀才？

秀才最初指人的才能优异，超出群类，是优秀人才的通称。汉以后，秀才成为荐举人才的科目之一，后来逐渐成为对一般读书人的泛称。

经典原文

zǐ yuē bú huàn rén zhī bù jǐ zhī huàn

子曰："不患人之不己知，患

bù zhī rén yě

不知人也。"

经典注释

患：害怕，担心。 **不己知**："不知己"的倒装句。知，了解，理解。

经典解说

孔子说："不要担心别人不了解自己，而要担心自己不了解别人。"

经典链接

谦虚的爱因斯坦：人们称颂爱因斯坦为伟大的天才，可他总说："有人称我为天才，可是我向你们发誓，我并没有这样认为。"他称赞居里夫人"任何时候都意识到自己是社会的公仆，她的极端的谦虚，永远不给自满留下任何余地"。

经典拓展

请搜集一些科学家谦虚好学、治学严谨的故事，并给大家介绍一番。

搜集：我想到了________________的故事。

整理：我打算按照________________的顺序来说这个故事。

反思：要说好这个故事，还要注意____。

wéi zhèng piān dì èr
为政篇第二

经典原文

zǐ yuē wú shí yòu wǔ ér zhì yú xué
子曰："吾十有五而志于学，

sān shí ér lì sì shí ér bú huò wǔ shí ér
三十而立，四十而不惑，五十而

zhī tiān mìng liù shí ér ěr shùn qī shí ér cóng
知天命，六十而耳顺，七十而从

xīn suǒ yù bù yú jǔ
心所欲，不逾矩。"

经典注释

十有五：十五岁。有，同"又"，用于整数和零数之间。 **立**：立身，指能有所成就。 **惑**：迷惑，疑惑。 **天命**：上天的意旨。古人认为天是世间万物的主宰。命，命令。 **耳顺**：对此有多种解释，通常认为是指能听得进不同的意见。 **从心所欲**：顺从意愿。 **逾矩**：越过法度。逾，越过。矩，法度。

经典解说

孔子说："我十五岁时立志做学问，三十岁时能有所成就，四十岁时遇事就不再迷惑，五十岁时懂得了什么是天命，六十岁时能听得进不同的意见，七十岁时已将道德规范、准则融入心中，随心所欲地做任何事，都不会超出规矩。”

经典故事

“东方药学巨典”的作者李时珍

李时珍是我国明代著名的医药学家。他家世代行医，他自幼博览群书，三次乡试落榜后开始学医，白天跟父亲去给人看病，晚上就在油灯下熟读《本草经》《伤寒论》等古典医学著作。

一天，李时珍投宿在一个驿(yì)站，看到马夫们正煮着连根带叶的野草。他上前询问，马夫告诉他：“我们赶车人，成年累月地在外奔跑，损伤筋骨是常有的事，这药草叫‘鼓子花’，又叫‘旋花’，有舒筋活血的作用。”李时珍将他们的经验详细地记录了下来。从此，他意识到只有到民间去，才能有更多的发现。

李时珍阅读药学典籍时，发现以前的药学典籍在药物分类上“草木不分，虫鱼互混”，而且很多药物都没有相关记录。他决定在以前《本草》的基础上进行修改和补充。这时，李时珍已经三十多岁了。随后，他几乎走遍了大江南北，行程不下万里，又参阅了八百多种书籍，经过三次修改文稿，费时二十七年，终于编成了一百九十多万字、被后世称为“东方药学巨典”的《本草纲目》。

经典拓展

1　孔子所说的“从心所欲”，是不是指无所顾忌地想怎样做就怎样做？说说你的看法。

2　孔子“三十而立”，请你给大家说说你的理想，并想象你三十岁时会是一个什么样的人。

3　填一填。

子曰：“吾十有五而________，三十而______，四十而_______，五十而________，六十而_______，七十而从心所欲，_______。”

国学点睛

为什么常用“膏粱”代指精美的食物？

“膏粱”指肥肉和细粮，泛指美味的饭菜。具体来讲，“膏”是指油脂、肥肉；“粱”是指精米，也就是精加工的细粮。

经典原文

zǐ yuē wēn gù ér zhī xīn kě yǐ wéi shī yǐ

子曰："温故而知新，可以为师矣。"

经典注释

温：温习。 **故**：旧的，原先的。 **为师**：当老师。

经典解说

孔子说："温习学过的知识，可以得到新的理解和体会，这样就可以当老师了。"

经典链接

苏轼读书：苏轼学识渊博，有自己的读书方法。他认为一本书每读一遍，只要理解和消化一个方面就可以了。每读一遍书都会有新的体会与收获，这样一遍又一遍地读，就能达到精通。年轻人钻研学问时，每本书都要读几遍，因为一本书的内容是很丰富的，而人的精力有限，不可能一下子全部吸收，只能集中注意力了解某一个方面。苏轼读书时运用的这种方法历来为古今学者所称道。

经典拓展

1 请结合平时的学习感受，用"温故而知新"写一段话。

2 请说说下列哪些句子表示学习态度或学习方法。

(1) 知之为知之，不知为不知；(2) 学而时习之；(3) 学而不思则罔，思而不学则殆；(4) 温故而知新；(5) 见贤思齐。

经典原文

zǐ yuē xué ér bù sī zé wǎng sī ér
子曰："学而不思则罔，思而

bù xué zé dài
不学则殆。"

经典注释

思：思考。 **罔**：迷惑，即感到迷茫而无所适从。 **殆**：疑惑。

经典解说

孔子说："只学习而不思考，就会迷茫而无所适从；只思考而不学习，就会疑惑不解。"

经典故事

女天文学家王贞仪

清朝的王贞仪是我国历史上少见的女算学家、天文学家、医生和诗人。

在封建社会，"女子无才便是德"，女子学习科学文化知识的困难是相当多的。王贞仪大量研读了翻译成中文的外国天文书籍，从中汲取有用的成分，并且因陋就简地制作观测仪器。因担心遭到人们的讥笑，她就关起门来进行观察、实验。据说有一次到了吃饭的时候，母亲等不到她来，便向她房中张望，只见王贞仪正在做实验：她把桌上的灯挂在梁上当作太阳，把小圆桌放倒扣在地上当作地球，把手里的镜子当作月亮，移动着反复实验，观察太阳、月亮和地球的位置及相互关系，研究月食等天文现象。

王贞仪留下的天文著作颇多，有《月食解》《星象图解》《地圆论》等。这些著作科学而通俗地解释了星象变化，并对风水、占卜等封建迷信进行了揭露。

经典拓展

1　请给下列字注音。

悌：________　罔：________　殆：________　愠：________

2　在平时的学习、生活中，“思考”与“学习”是一对好伙伴。除了它们，还有__________和__________等也是好伙伴。

3　你在平时的学习中有哪些好的方法？请给大家介绍介绍吧。

4　填一填。

子曰：“学而不思则____，思而不学则____。”

国学点睛

什么是浑天说？

中国古代的一种宇宙学说。主张天地的关系好像鸟卵壳包着卵黄。天的形体浑圆如弹丸，故称“浑天”。天和天上的日月星辰每天绕南、北两极不停地旋转。

经典原文

zǐ yuē yóu huì rǔ zhī zhī hū zhī
子曰："由，诲女知之乎？知
zhī wéi zhī zhī bù zhī wéi bù zhī shì zhì yě
之为知之，不知为不知，是知也。"

经典注释

由：仲氏，名由，字子路，又字季路。孔子的学生。 **诲**：教诲，这里指教给知识。 **女**：同"汝"，人称代词，你。 **知**：同"智"，智慧。

经典解说

孔子说："仲由，我教给你的知识都知道了吗？知道就是知道，不知道就是不知道，这才是智慧。"

这告诉我们，做学问应实事求是，不能不懂装懂。

经典故事

"实事求是"的由来

由于秦始皇焚书坑儒，西汉时已很难见到古文书籍。汉景帝之子河间献王刘德到河间后，收藏了许多古董，其中有大量是用重金收买来的古籍。刘德对这些古籍认真地加以整理，用心研

究。很多文人听说河间献王爱书好学，纷纷把祖上留下的先秦旧书献给他，有些人干脆投在他门下，和他一起进行研究。后来《汉书》的作者班固在为刘德写传记时，评价说：刘德爱好古代文化，认真好学，实事求是。

“实事求是”现在是指从实际情况出发，不夸大，不缩小，正确地对待和处理问题。

经典拓展

1　形容人装模作样、不懂装懂的成语有哪些？你能把它们写出来吗？

2　读了本则“经典原文”，你有什么想法？请说说自己的见解。

3　成语串。

量力而行	脚踏实地	实事求是	水到渠成
好高骛远	自吹自擂	大言不惭	自欺欺人

国学点睛

“泾渭分明”是怎么来的？

“泾渭分明”意思是泾水、渭水的清浊很分明，比喻是非、优劣显而易见。原来，渭水、泾水两条河流在西安高陵区相汇，交汇处泾水明显要清于渭水。

经典原文

zǐ yuē rén ér wú xìn bù zhī qí kě
子曰："人而无信，不知其可

yě dà chē wú ní xiǎo chē wú yuè qí hé
也。大车无輗，小车无軏，其何

yǐ xíng zhī zāi
以行之哉？"

经典注释

輗：古代大车辕端用来连接、固定横木的部件。 **軏**：古代车辕与横木相连接的关键。 **何以**：以何，用什么，靠什么。

经典解说

孔子说："人如果不讲信用，真不知道那怎么可以呢！就好比大车没有了輗，小车没有了軏，失去了关键的部位，车怎么能行驶呢？"

这告诉我们诚信是做人的根本。

经典故事

诚实守信的宋濂

宋濂从小喜欢读书，但是因为家里很穷，没钱买书，只好借书看。每次借到书，他都把书抄录下来。有一次，书还没抄录完，但是还书的期限就快到了，他只好连夜抄书。那时正值寒冬，宋濂的手冻得通红，母亲心疼地说："孩子，都半夜

了，天这么冷，明天再抄吧。人家又不是急着看这书。”宋濂回答道：“说话做事要讲信用，借的书到期限了就应该还。如果失信于人，下次别人怎么会把书借给我？”

又有一次，宋濂要去远方拜一位著名的学者为师，见面日期早就定下了，不料出发那天下起了鹅毛般的大雪。当宋濂背起行李准备上路时，母亲劝道：“孩子，今天雪太大了，改天再去吧！”宋濂说：“娘，今天不出发就会误了拜师的日子，那就失约了；失约，就是对老师的不尊敬啊！风雪再大，我都得上路。”当宋濂到老师家里时，老师称赞道：“年轻人，好学守信，将来必有出息！”

经典拓展

1 请连一连，再想一想还有哪些格言是教人信守诺言的。

最快的话	一诺千金
最重的话	一言既出，驷马难追
最贵的话	一言九鼎

2 填一填。

（　　）心诚意	一（　　）千金	言而有（　　）
金口（　　）言	（　　）誓旦旦	一言九（　　）
言出必（　　）	一（　　）为定	言（　　）行果

bā yì piān dì sān

八佾篇第三

经典原文

zǐ yuē rén ér bù rén rú lǐ hé
子曰："人而不仁，如礼何？
rén ér bù rén rú yuè hé
人而不仁，如乐何？"

经典注释

礼：社会道德规范、行为准则和各种礼节。 **乐**：音乐。

经典解说

孔子说："一个人如果没有仁爱的心，如何对待礼呢？一个人如果没有仁爱的心，如何对待乐呢？"

意思是如果没有仁爱之心，礼、乐都将失去意义。

经典故事

子产惠人

子产，郑国大夫，春秋末期杰出的政治家。

传说，有一年冬天，子产乘车去郊外。他看到沿途有几个农夫在寒风中行走，衣衫单薄，被冻得瑟瑟发抖，就让自己的车夫把他们送回了家。还有一次，子产乘车外出巡视，看

到一条河上没有桥，人们只能艰难地涉水过河，子产当机立断，让车夫把车子拆掉，拉到河中当桥，这样，人们就可以从车上轻易地走到河的对岸。

子产执政期间，不但十分爱护百姓，而且有过许多成功的改革措施，因此得到了百姓的拥护，当时他曾被孔子称为“仁人”“惠人”。

经典拓展

1 你认为子产是一个什么样的人？

2 填一填。

孔子说：“人而不仁，如礼何？人而不仁，如乐何？”我会说：“一个人如果没有仁爱的心，就会________________；如果没有仁爱的心，就会________________；如果没有仁爱的心，就会________________。”

国学点睛

什么叫“寻”“常”？

“寻”的本义是古代的一种长度单位；“常”的本义是下身穿的裙子，后发展为长度单位。后来这两个字组成合成词“寻常”，指平常、普通。

经典原文

林放问礼之本。子曰："大哉问！礼，与其奢也，宁俭；丧，与其易也，宁戚。"

（lín fàng wèn lǐ zhī běn. zǐ yuē: dà zāi wèn! lǐ, yǔ qí shē yě, nìng jiǎn; sāng, yǔ qí yì yě, nìng qī.）

经典注释

林放：据说是孔子的学生。 **本**：根本，本质。 **奢**：奢侈，浪费。 **俭**：节省，朴素。 **易**：铺张。 **戚**：悲伤。

经典解说

林放问礼的本质。孔子说："你提的问题意义重大啊！礼，与其奢侈，不如节俭；丧礼，与其铺张，不如悲伤。"

经典链接

什么是"礼"：礼是指社会道德规范、行为准则和各种礼节。礼是人类共处的金钥匙，是后天养成的美德。正如歌德所说："一个人的礼貌，就是一面照出他的肖像的镜子。"而一国公民的言行举止则折射出一个国家的文明程度。中国是世界四大"文明古国"之一，素以"礼仪之邦"闻名于世。

经典拓展

小小演讲台。

请以"文明礼仪伴我行"为题，做一次演讲。要求：

（1）主题明确，举例恰当；（2）有自己的真情实感；（3）时间不超过五分钟。

里仁篇第四

lǐ rén piān dì sì

经典原文

子曰："不仁者，不可以久处约，不可以长处乐。仁者安仁，知者利仁。"

zǐ yuē bù rén zhě bù kě yǐ jiǔ chǔ yuē bù kě yǐ cháng chǔ lè rén zhě ān rén zhì zhě lì rén

经典注释

不仁者：没有仁德的人。　**约**：贫困，俭约。　**乐**：安乐，富裕。　**安**：因……而安心。　**知**：同"智"，聪明、智慧。　**利**：因……而获利。

经典解说

孔子说："没有仁德的人，不能长久地过穷困生活，也不能长久地过安乐生活。有仁德的人安于仁德，有智慧的人从仁德中获利。"

经典链接

陶渊明的田园诗：陶渊明是我国田园诗的开创者。他的诗歌充分表现了诗人鄙夷功名利禄的高远志趣和守志不阿的高尚节操，充分表现了诗人对淳朴的田园生活的热爱，充分表现了诗人对理想世界的追求和向往。他还有一些诗歌间接地反映了当时农民的悲惨生活。

经典拓展

1　请搜集几首陶渊明的田园诗，认真读一读，并说说大概的意思。

2　诗歌诵读。

赐萧瑀

[唐]李世民

疾风知劲草，板荡识诚臣。
勇夫安识义，智者必怀仁。

国学点睛

“三山五岳”指的是哪些山？

五岳中，泰山为东岳，华山为西岳，衡山为南岳，恒山为北岳，嵩山为中岳。“三山”是指传说中海上的三座神山，即蓬莱、方丈和瀛洲。

经典原文

zǐ yuē jiàn xián sī qí yān jiàn bù xián

子曰："见贤思齐焉，见不贤

ér nèi zì xǐng yě

而内自省也。"

经典注释

贤：贤人，有德行、有才能的人。 **齐**：平等，向……看齐。 **省**：反省，内省，检查自己的思想行为。

经典解说

孔子说："见到贤德的人就要想到向他看齐，见到不贤德的人就要从内心反省自己（是不是也有类似的问题）。"

经典链接

爱迪生的启示：胡汝鼎年轻时满怀"科学救国"的理想，远赴美国留学。学习之余，他在发明家爱迪生创办的工厂学技术。一次，爱迪生让大家测量灯泡的容积。胡汝鼎和同学们又是测量，又是计算，忙得不亦乐乎，但仍是一筹莫展。爱迪生笑着说："你们已经很有学者的风度了，但这样做太麻烦。只要将灯泡内注满水，就能轻松地测出灯泡的容积了。"恍然大悟之余，胡汝鼎也更加努力学习了。

经典拓展

1 查查资料，请讲一个与爱迪生有关的故事。

2 "见贤思齐焉，见不贤而内自省也。"说说你是如何理解这句话的，并谈谈你以后将怎么做。

经典原文

zǐ yuē jūn zǐ yù nè yú yán ér mǐn yú xíng

子曰："君子欲讷于言，而敏于行。"

经典注释

欲：要。 讷：本义指说话迟钝，这里指说话谨慎，留有分寸。 敏：敏捷。

经典解说

孔子说："君子要说话谨慎，行动敏捷。"

经典故事

人民的科学家

1966 年 3 月 8 日，河北省邢台地区发生了强烈地震。

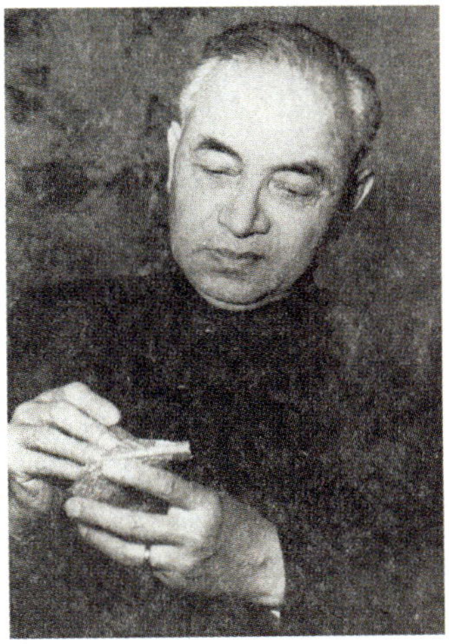

事后，著名地质学家李四光不顾自己七十七岁的高龄，坚决要求到震区去看一看。他一下火车就到科学院的观测点了解地震情况，又马不停蹄地到尧山地应力观测站去考察。他仔细地研究了工作人员绘制的地应力值变化曲线图，又听取了在震区工作的同志的汇报，并和大家一起分析这次大地震发生的原因。李四光忙得顾不上吃饭，工作人员请他吃点东西、喝点水，他摇摇头说："我是搞地质的，一天不吃不喝都没关系。我得抓紧时间工作，要多看点、多听点。"这样，一直忙到天黑，他才启程回去。

附近的乡亲们得知那位忙了一整天的老人就是地质部部长李四光的时候，都非常感动，异口同声地说："这真是人民的科学家！"

经典拓展

1　请做个资料小卡片简单地介绍一下人民的科学家李四光。

姓名：________

生卒日期：________

身份：________

所做的贡献：________________________

____

2　请给大家介绍一下你身边"讷于言、敏于行"的人。

国学点睛

"负""荷"是用身体的哪部分承担重物？

"负"的意思是用背驮东西，相当于今天的"背"。"荷"的意思是用肩膀承担重物，相当于今天的"扛"或"担"。

gōng yě cháng piān dì wǔ

公冶长篇第五

经典原文

zǎi yú zhòu qǐn zǐ yuē xiǔ mù bù kě diāo yě fèn tǔ zhī qiáng bù kě wū yě yú yú yú hé zhū zǐ yuē shǐ wú yú rén yě tīng qí yán ér xìn qí xíng jīn wú yú rén yě tīng qí yán ér guān qí xíng yú yú yú gǎi shì

宰予昼寝。子曰："朽木不可雕也，粪土之墙不可杇也，于予与何诛？"子曰："始吾于人也，听其言而信其行；今吾于人也，听其言而观其行。于予与改是。"

经典注释

宰予：又叫"宰我"，名予，字子我。孔子的学生。　**昼**：白天。　**雕**：雕刻。　**杇**：粉刷，涂饰。　**与**：同"欤"。语气词，在这里表停顿。　**诛**：责备，谴责，批评。　**是**：代词。

此，这。在这里指代观察人的方法。

经典解说

宰予白天睡大觉。孔子说："腐朽的木头不可以用来雕刻，粪土砌成的墙不可以粉刷，对于宰予这个人，何必再谴责他呢？"（后来）孔子（又）说："开始时，我对别人，听到他的话就相信他的行为；现在，我对别人，听到他的话还要观察他的行为。这都是因为宰予这个人改变了我观察人的方法。"

经典故事

耳听为虚

有一次，孔子的一位学生煮饭时发现有脏东西掉进了锅里。他连忙把被弄脏的饭盛出来，正要倒掉时，转念一想，一粥一饭都来之不易啊，便把饭吃了。孔子的另一位学生刚巧看见了，以为他在偷吃，便把这事告诉了孔子。后来听了学生的解释，孔子很感慨地说："亲眼看见的事情也不一定为实，何况是道听途说的呢？"

经典拓展

1　本则"经典原文"告诉我们，不要只听别人说了什么，还要____________。

A. 看他做了什么　　　　B. 看他长得怎么样

2　成语串。

身临其境　　眼见为实　　实事求是　　广开言路

道听途说　　耳听为虚　　子虚乌有　　三人成虎

经典原文

zǐ gòng wèn yuē kǒng wén zǐ hé yǐ wèi
子贡问曰："孔文子何以谓

zhī wén yě zǐ yuē mǐn ér hào xué bù
之'文'也？"子曰："敏而好学，不

chǐ xià wèn shì yǐ wèi zhī wén yě
耻下问，是以谓之'文'也。"

经典注释

子贡：端木氏，名赐，字子贡。孔子的学生。**孔文子**：春秋时卫国大夫。**谓**：称为。**敏**：聪敏。**下问**：向地位、学问不如自己的人请教。

经典解说

子贡问道："孔文子为什么能在死后得到'文'的谥号呢？"孔子说："（他）聪敏又爱好学习，不以向地位、学问不如自己的人请教为耻，所以称他为'文'。"

经典故事

拜妻为师

清代武官张曜，因战功卓著而被提拔为河南布政使。他自幼失学，没有文化，被御史弹劾，说他"目不识丁"，因此被降任为总兵。

张曜从此立志要好好读书，使自己能文能武。在封建社会，女子的地位比男子低，但张曜想到自己的妻子熟读四书

五经，琴棋书画样样精通，就请求妻子教他念书。妻子说："教是可以的，但是要行拜师之礼。"张曜一口答应，马上穿起朝服，让妻子端坐在孔子牌位前，对她行三拜九叩之礼。从此以后，凡空余时间，张曜都请妻子教他读经史。与此同时，他还请人刻了一方"目不识丁"的印章，时时佩戴在身上，以勉励自己。

几年之后，张曜终于成为一个很有学问的人。

经典拓展

1　为什么孔文子死后得到了"文"的谥号？

2　这则"经典原文"对你有什么启发？请大胆地说一说。

3　解释下列词语的意思。

(1) 敏而好学：________________

(2) 不耻下问：________________

国学点睛

"令兄"和"令妹"中的"令"是什么意思？

"令"是美好的意思，所以称呼别人的家人时习惯在前面加上"令"字，以表尊敬。

经典原文

yán yuān jì lù shì zǐ yuē hé gè

颜渊、季路侍。子曰："盍各

yán ěr zhì zǐ lù yuē yuàn chē mǎ yì qīng

言尔志？"子路曰："愿车马、衣轻

qiú yǔ péng you gòng bì zhī ér wú hàn yán

裘，与朋友共，敝之而无憾。"颜

yuān yuē yuàn wú fá shàn wú shī láo zǐ lù

渊曰："愿无伐善，无施劳。"子路

yuē yuàn wén zǐ zhī zhì zǐ yuē lǎo zhě

曰："愿闻子之志！"子曰："老者

ān zhī péng you xìn zhī shào zhě huái zhī

安之，朋友信之，少者怀之。"

经典注释

颜渊：即颜回。名回，字子渊。孔子的学生。 **季路**：即子路。孔子的学生。 **盍**：何不。 **裘**：皮衣。 **敝**：因使用而破旧。 **伐**：自我夸耀。 **施劳**：表白自己的辛劳。 **安**：使……安乐。 **信**：使……信任。 **怀**：使……得到关怀养护。

经典解说

颜渊、季路在孔子身边侍立。孔子说："何不各自说说你们的志向？"子路说："我希望与朋友分享漂亮的马车和又轻又暖的皮衣，就是被用坏了、穿破旧了也不抱怨。”颜渊说：“我希望能不夸耀自己的优点，不表白自己的功劳。”子路说：“我希望听听老师您的志向。”孔子说：“我希望使老人得到安乐，使朋友互相得到信任，使年轻的孩子们得到关怀养护。”

经典故事

苏东坡少年立志

“识遍天下字，读尽人间书。”这是苏东坡少年时在一片赞扬声中，乘兴写的一副对联。

相传，一位老翁知道后，深感这位苏公子太自负了，便拿出一本书向他求教。苏东坡满不在乎地接过书本，翻开一看，那上面的字他竟一个都不认识，顿时涨红了脸。老翁又激他道：“苏公子不是‘识遍天下字，读尽人间书’了吗？怎么会不识此书之字？”苏东坡非常惭愧，立即提笔来到门前，在那副对联的上下联前各加了两个字，使对联变为“________识遍天下字，________读尽人间书”。

从此，苏东坡发愤努力，手不释卷，终于成为中国历史上文学艺术造诣(yì)最杰出的大家之一。

经典拓展

1 请你在横线上将改后的对联中缺的两个词填上去，然后读一读，想想两副对联有什么不同。

2 孔子的学生中，谁的志向是“愿车马、衣轻裘，与朋友共，敝之而无憾”？谁的志向是“愿无伐善，无施劳”？孔子的志向又是什么？

3 请说说你的志向吧。

yōng yě piān dì liù
雍也篇第六

经典原文

zǐ yuē xián zāi huí yě yì dān shí yì piáo yǐn zài lòu xiàng rén bù kān qí yōu huí yě bù gǎi qí lè xián zāi huí yě

子曰："贤哉，回也！一箪食，一瓢饮，在陋巷，人不堪其忧，回也不改其乐。贤哉，回也！"

经典注释

贤：贤德。 **箪**：古代盛饭用的圆形竹器，也有用芦苇制成的。 **食**：饭。 **陋**：简陋，破旧。 **忧**：忧愁。 **不堪**：不能忍受。

经典解说

孔子说："有贤德呀，颜回这个人！平时只吃一箪饭，喝一瓢水，住在简陋破旧的小巷子里。一般人都受不了这样困苦的生活，颜回却不改变他（爱学乐善）的快乐。有贤德呀，颜回这个人！"

经典故事

原宪不改其乐

孔子有个弟子叫原宪。周王室衰微，各国诸侯连年征战，国君昏庸，原宪就到卫国乡下隐居了。原宪在乡下过着清贫的日子，夫妻二人住着两间草屋，家徒四壁，刮风下雨时屋里还会透风漏雨。但原宪乐在其中，天天读书奏乐。

孔子的另一个弟子在卫国做宰相，见到原宪生活得如此穷困潦倒，就问他："你为什么不出来做官，让生活过得好一点呢？"原宪说："政局这么黑暗，当政者又愚昧，我不愿意出去帮他们做坏事。我现在生活虽然有点清贫，但我很知足。我更忧虑的是，当今的世道那么艰难，百姓们要怎么挨过去啊！"

经典拓展

1　孔子为什么认为颜回有贤德？

2　诵读下文，说说作者表达了怎样的人生态度。

陋室铭

[唐]刘禹锡

山不在高，有仙则名。水不在深，有龙则灵。斯是陋室，惟吾德馨。苔痕上阶绿，草色入帘青。谈笑有鸿儒，往来无白丁。可以调素琴，阅金经。无丝竹之乱耳，无案牍之劳形。南阳诸葛庐，西蜀子云亭。孔子云：何陋之有？

经典原文

zǐ yuē zhì shèng wén zé yě wén shèng
子曰:“质胜文则野,文胜

zhì zé shǐ wén zhì bīn bīn rán hòu jūn zǐ
质则史。文质彬彬,然后君子。”

经典注释

质:朴实,淳朴。 **胜**:超过。 **文**:文采。 **史**:虚饰,浮夸。 **彬彬**:文质兼备的样子。

经典解说

孔子说:“淳朴胜过文采就会显得粗鄙,文采胜过淳朴就会显得虚浮,文采和淳朴在一个人身上和谐地体现,这才是君子。”

经典故事

书生退敌

公元 1161 年 9 月,完颜亮做好了进攻南宋的一切准备,亲自率领大军逼近淮河。南宋朝廷内外震恐,许多将士不战而逃。文官虞(yú)允文受命亲自上前线去慰劳宋军将士。

虞允文到了采石矶,看到对岸的金兵正在准备渡江,而宋军没有主将,人心惶惶,秩序混乱。

面对这种情形，虞允文十分忧心，觉得等将领到达指挥迎战已经来不及了，就立刻召集宋军将士，组织他们作战。虞允文是个书生，从来没有指挥过战斗。但是爱国的信念使他鼓起勇气，果断地安排了作战计划。因为虞允文的精心谋划，金兵最终大败。

经典拓展

1　请试着写写形容“君子”的成语。

2　根据本则“经典原文”，虞允文可以称得上是君子了，为什么呢？

3　给大家讲讲：历史上还有哪些像虞允文一样的君子？

国学点睛

鲁智深人称“鲁提辖”，提辖是什么官？

宋代路、州所置武职有“提辖兵甲”之称者，简称“提辖”。多由知州兼任，掌统辖军队，维持治安。南宋榷货务都茶场、杂买务杂卖场、文思院、左藏东西库各设提辖官掌管。

经典原文

zǐ yuē zhī zhī zhě bù rú hào zhī zhě
子曰："知之者不如好之者，

hào zhī zhě bù rú lè zhī zhě
好之者不如乐之者。"

经典注释

知：了解。　**之**：代词，它，这里指学问和事业。一说，指仁德。　**者**：代词，……的人。　**好**：爱好，喜爱。　**乐**：以……为快乐。

经典解说

孔子说："（对于学问和事业）了解它的人不如喜爱它的人，喜爱它的人不如乐在其中的人。"

经典故事

昆虫的朋友

法布尔是世界著名的昆虫学家，他小时候就对大自然里发生的事情充满兴趣。他经常提出一连串的问题："鱼儿睡不睡觉？""鸟儿长不长牙齿？"……这些问题，大人们也常常回答不出来。于是，法布尔留心观察飞禽和昆虫，自己寻找答案。

一天，父亲买东西回来，给法布尔买了一张动物挂图和一本寓言集。寓言集里有许多鸟儿、昆虫的精美插图，法布尔爱不释手，逐渐迷上了观察、研究昆虫。法布尔为了捕捉一只小虫，常常跟着虫子跑得气喘吁吁。有时候，为了不损伤虫子的腿或翅膀，他宁愿自己绊一跤。一年冬天，法布尔看到几只冻僵了的昆虫时，便把它们放进自己的怀里。昆虫慢慢地苏醒了，法布尔特别高兴。法布尔成了昆虫的好朋友。

长大后，法布尔一边认真从事教育工作，一边抽时间在野外观察昆虫的生活，并做详细记录。他著作颇丰，其中《昆虫记》深受孩子们的喜爱。

经典拓展

1　写一写。

我们的学习过程一般有三个阶段：开始知道它是怎么回事，后来有了兴趣，最后便乐在其中了。孔子用________、________、________等词来描述这三个阶段。

2　填一填。

(1)《论语》中阐明学习与思考关系的句子是：____________________________。

(2)《论语》中阐明正确的学习态度是要实事求是，不能不懂装懂的句子是：________________________。

3　人们常说“兴趣是最好的老师”，学了本篇，请说说让你乐在其中的知识吧。

国学点睛

什么是方志?

方志是指详细记载某一地域地理、沿革、风俗、教育、物产、人物、名胜、古迹以及诗文、著作等情况的志书。

shù ér piān dì qī

述而篇第七

经典原文

zǐ yuē mò ér zhì zhī xué ér bú

子曰："默而识之，学而不

yàn huì rén bú juàn hé yǒu yú wǒ zāi

厌，诲人不倦，何有于我哉？"

经典注释

识：牢记，记住。 **厌**：满足。 **诲**：教诲。

经典解说

孔子说："默默地记住知识，勤奋学习永不满足，教诲别人不知疲倦，我做到哪一样了呢？"

这是孔子严格要求自己而说的谦虚之词。

经典故事

三脚床

王亚南小时候就胸怀大志，刻苦读书。据说上中学时，为了挤出更多的时间读书，他特意把自己睡的木板床的一条床腿锯短半尺改成三脚床。王亚南每天读书到深夜，实在疲倦时才上床睡觉，睡梦中一翻身，床向短腿那方倾斜过去，他

一下子惊醒过来，随即下床，继续伏案读书。因此他年年都取得优异的成绩。

因为他少年时勤奋刻苦，学而不厌，后来成为了我国杰出的经济学家。

经典拓展

1　联系本则“经典原文”，你认为王亚南做到了哪几点？说说你的看法。

2　给大家说说：你是否遇到过能够“默而识之，学而不厌，诲人不倦”的人？你认为你自己做到了吗？

国学点睛

何谓“康庄大道”？

康庄大道，指宽阔平坦、四通八达的大路。它源于战国时齐宣王为稷(jì)下学宫中的学者在大道旁修筑的宅第。现多用来比喻美好、光明的前途。

经典原文

zǐ yuē bú fèn bù qǐ bù fěi bù fā
子曰："不愤不启，不悱不发；

jǔ yì yú bù yǐ sān yú fǎn zé bú fù yě
举一隅不以三隅反，则不复也。"

经典注释

愤：苦思冥想而仍没有想通和领会的样子。 **悱**：想说而不能明确地表达，说不出来的样子。 **隅**：角落，角。比喻事物的一个方面。

经典解说

孔子说："（教学生）不到他苦思冥想而仍领会不了的时候，不去开导他；不到他想说而又说不出来的时候，不去启发他。告诉他一个方面，他不能推知其他三个方面，就不再教导他。"

经典链接

融会贯通：融会，融合领会；贯通，贯穿前后。指把各方面的知识或道理融合，从而得到全面透彻的理解。出自《朱子全书·学三》："举一而三反，闻一而知十，乃学者用功之深，穷理之熟，然后能融会贯通，以至于此。"

经典拓展

请问下面哪些是"举一反三"的近义词？请用"——"画出来。

问牛知马　　闻一知十　　旁征博引　　融会贯通
豁然开朗　　触类旁通　　博古通今　　见微知著

经典原文

zǐ yuē fàn shū shí yǐn shuǐ qū gōng
子曰："饭疏食，饮水，曲肱
ér zhěn zhī lè yì zài qí zhōng yǐ bú yì
而枕之，乐亦在其中矣。不义
ér fù qiě guì yú wǒ rú fú yún
而富且贵，于我如浮云。"

经典注释

饭疏食，饮水：吃粗粮，喝冷水。饭，吃。疏食，粗粮。水，文言文中称冷水为"水"，热水为"汤"。 **肱**：胳膊上从肩到肘的部分，这里指胳膊。 **于**：介词，对，对于。 **如浮云**：像浮云一样。

经典解说

孔子说："吃粗粮，喝凉水，弯曲着胳膊当枕头，乐趣也就在其中了。用不仁义的手段得到的富贵，对我来说如同(天上的)浮云一样。"

经典故事

永不低头的顾炎武

公元1645年，清兵南渡长江，大肆(sì)屠杀江南民众。各地爆发了激烈的抗清斗争，一时抗清之势如燎原烈火，顾炎武也加入了昆山的起义军。清廷派兵血腥镇压，昆山、嘉定和扬州被屠城。

起义失败以后，顾炎武回到家乡，得知母亲王氏在家乡沦陷后绝食数日，以身殉(xùn)国。顾炎武再次离开家乡，开始了他颠沛流离的游历生涯。康熙十七年(1678年)，当时朝廷以撰修《明史》为由，特开博学鸿儒科，征举海内名士。许多江南文士屈膝出去做官。顾炎武严词拒绝，面对清人的诱降他毫不妥协，宁可从容赴死。

顾炎武也不与清朝的名公巨卿有交往。有一次，做官的外甥徐乾学坚持邀请顾炎武到家中做客，他无奈地去了，但拒绝饮宴，以表示不食清禄之意。

顾炎武的言行体现了他坚持原则、永不屈服的气节。

经典拓展

1　请你说说顾炎武是一个怎样的人。

2　孔子曾经赞扬他的一位学生能安于贫困，能“曲肱而枕之，乐亦在其中矣”。这位学生是谁呢？

3　诗歌诵读。

癸卯岁始春怀古田舍(节选)

［晋］陶渊明

先师有遗训，忧道不忧贫。
瞻望邈难逮，转欲志长勤。
秉耒欢时务，解颜劝农人。
平畴交远风，良苗亦怀新。

经典原文

zǐ yuē wǒ fēi shēng ér zhī zhī zhě
子曰："我非生而知之者，

hào gǔ mǐn yǐ qiú zhī zhě yě
好古，敏以求之者也。"

经典注释

好古：喜欢古代的礼仪和文化。 **敏**：勤勉。

经典解说

孔子说："我不是生下来就很有智慧、懂得道理的人，而是喜欢古代的礼仪和文化，勤勉地追求知识的人。"

经典故事

马克思的"足迹"

为了创立无产阶级革命理论，马克思常常去大英博物馆里的图书馆研究政治经济学。他每天早晨九点准时到图书馆，总是坐在固定的座位上，一直工作到晚上七八点钟才回家。仅他写的有关政治经济学的笔记就有二十四本，读过、摘录过的书籍多达五千余本。

据说马克思读书时有个习惯：当他读得兴奋时，常常会用脚在地上情不自禁地摩擦。历经二十多年，他座位下的水泥地竟被磨出两

道清晰的足迹。这足迹真实地记录下了马克思艰辛的苦读，体现了他顽强的毅力。

经典拓展

1　读了《马克思的“足迹”》一文，联系本则“经典原文”，谈谈你的体会。

2　请搜集两句与好学有关的名言。

____

____

3　下面这些成语说的是哪些名人的故事？请将他们的名字写在括号内。

程门立雪(　　　　　　　)　　闻鸡起舞(　　　　　　　)

凿壁偷光(　　　　　　　)　　入木三分(　　　　　　　)

囊萤映雪(　　　　　　　)　　牛角挂书(　　　　　　　)

国学点睛

为什么常用“阳关大道”来比喻前途光明的道路?

阳关，古关名，我国古代陆路对外交通咽喉之地。阳关大道是指经过阳关通向西域的大道，后泛指通行便利的宽阔大路，也比喻有光明前途的道路。

经典原文

zǐ yuē sān rén xíng bì yǒu wǒ shī
子曰："三人行，必有我师

yān zé qí shàn zhě ér cóng zhī qí bú shàn
焉。择其善者而从之，其不善

zhě ér gǎi zhī
者而改之。"

经典注释

焉：于此，意思是在其中。 **择**：选择。 **从**：跟从（学习）。

经典解说

孔子说："几个人（一同）走路，其中必定有可以做我的老师的人。选择他的优点来学习，看到他有什么不好的方面就（反省自己）加以改正。"

经典链接

诗仙拜师：相传有一次，李白正在街头买酒，偶然听到一位老翁吟诵美妙的诗歌，就四处寻找，终于找到了这位老人。李白激动地说："老人家，三个月了，我到处找您，好不容易才见到了您，您一定要好好指点我！"李白真挚的话语打动了老人的心。从此，人们经常看到他们坐在溪水边的大青石上饮酒、吟诗。那朗朗的笑声，随溪水一起传到千里之外……

经典拓展

我们每个人都有各自的优点，你认为你应该向你的同学、朋友学习哪些优点？

tài bó piān dì bā

泰伯篇第八

经典原文

zēng zǐ yuē shì bù kě yǐ bù hóng yì
曾子曰："士不可以不弘毅，

rèn zhòng ér dào yuǎn rén yǐ wéi jǐ rèn bú yì
任重而道远。仁以为己任，不亦

zhòng hū sǐ ér hòu yǐ bú yì yuǎn hū
重乎？死而后已，不亦远乎？"

经典注释

弘毅：抱负远大，意志坚强。 **重**：重大。

经典解说

曾子说："读书人不能不抱负远大，意志坚强，因为责任重大，路途遥远。把实现'仁'作为自己的任务，不是很重大吗？到死才停止，不是很遥远吗？"

经典故事

民族英雄林则徐

林则徐是鸦片战争时期主张严禁鸦片、抵抗侵略的爱国政治家，被称为近代中国“开眼看世界的第一人”。

林则徐提出了六条禁烟方案，并率先实施，后来受命为钦差大臣，前往广东禁烟。他传讯给洋商，令其限期交出鸦片，并收缴英国船上的全部鸦片。1839 年 6 月 3 日起，林则徐在虎门海滩销烟，二十天销毁了鸦片 19179 箱、2119 袋，共计 2376254 斤。在此期间，林则徐注意了解外国情况，组织翻译西文书报，供制订对策、办理交涉参考，成为中国近代最早介绍外国文献的人。林则徐大力整顿海防，积极备战，在沿海招募水勇（清政府在鸦片战争期间组成的水上民兵），操练教习，数败英军。

保卫祖国海防、维护民族尊严，对于林则徐来说，确实是任重而道远，可他一直坚定地走了下去。

经典拓展

1　在我国历史上，像林则徐这样心系民族兴亡、百姓安危的英雄人物还有很多，请你再为大家介绍几位，并用简练的话讲述他们的事迹。

2　诗歌诵读。

赴戍登程口占示家人（节选）

［清］林则徐

力微任重久神疲，再竭衰庸定不支。
苟利国家生死以，岂因祸福避趋之。

zǐ hǎn piān dì jiǔ

子罕篇第九

经典原文

zǐ jué sì wú yì wú bì wú gù wú wǒ

子绝四：毋意，毋必，毋固，毋我。

经典注释

绝：杜绝。 **毋**：不要，不可。 **意**：臆测，主观地推测。 **必**：必定，绝对化。 **固**：固执己见，拘泥。 **我**：自私，自以为是。

经典解说

孔子杜绝了四种缺点：不凭空猜测，不绝对肯定，不固执己见，不自以为是。

经典故事

任尚固执己见

班超是东汉时期著名的大将，守卫西域三十一年，保障了西域各族的安全以及“丝绸之路”的畅通。班超七十一岁时被汉和帝征召回京，他原先的位置由任尚接替。

任尚对班超说："我有幸接替您的职位，任务艰巨，而我经验不足，希望您能给予一些指导。"班超说："我老了，比不上你们了，实在要说的话，就有一点：这里的官吏士卒都是因为犯错而被发配到这里来的，那些少数民族也很难安抚，你性情急躁，我建议你采取宽和易行的政策，把握住大权就可以了。"

任尚认为班超所说并无特别之处，便没有认真对待他的建议。没过几年，西域就发生了叛乱，任尚因罪被召回。

孔子学琴

孔子向著名的乐师师襄子求教。师襄子教给孔子一首曲子后就让他练习十天。

十天后，师襄子说："这首曲子你已经会弹了，我再教你一首新的吧。"孔子说："不行啊，我只记住了节奏、指法，内容和作者的为人我还没有熟悉呢。"孔子继续弹这首曲子。日子一天天过去了，突然有一天，孔子跑到师襄子面前说："我已经知道作者是谁了，他目光锐利，具有王者风范，一定是周文王吧！"师襄子大吃一惊，说道："这首曲子名叫《文王操》，作者正是周文王。”说完，他不禁为孔子刻苦钻研的精神所折服。

经典拓展

1　联系本则“经典原文”，说说你的体会，并写下来。

2　“勿”的读音是________，“毋”的读音是________。请将这两个字正确地填在下列括号内。

请（　　）动手　　（　　）庸讳言　　宁缺（　　）滥

（　　）庸置疑　　不自由，（　　）宁死

（　　）谓言之不预

3　成语串。

一成不变　　顽固不化　　墨守成规　　固执己见

一孔之见　　自以为是　　目中无人　　唯我独尊

国学点睛

什么是青衣？

青衣是戏剧曲中旦行的一支，青衣人物的共同特点是端庄贤良、稳重正派，可以是青年女子也可以是中年妇女。

有声朗读

经典原文

zǐ zài chuān shàng yuē shì zhě rú sī

子在川上曰："逝者如斯

fú bù shě zhòu yè

夫，不舍昼夜。"

经典注释

川上：河边。 **逝**：往，离去。 **斯**：代词，这，指河水。**夫**：语气词，用于句末，表示感叹。 **舍**：止息，停留。

经典解说

孔子在河边说："逝去的一切像河水一样流去，日夜不停。"

经典链接

珍惜时间的鲁迅：鲁迅十二岁在绍兴城读私塾(shú)时，父亲正患着重病，两个弟弟年纪尚幼。鲁迅不仅经常上当铺典卖衣物，跑药店，还得帮母亲做家务。为了不影响学业，他必须做好精确的时间安排。因为他想广泛涉猎、多方面学习，所以时间对他来说十分宝贵。虽然他一生多病，但几乎每天都要工作到深夜才休息。他曾说过："时间就像海绵里的水，只要愿挤，总还是有的。"

经典拓展

请搜集名人珍惜时间、刻苦学习的故事，并结合有关珍惜时间的名言，给大家做一个主题演讲。

经典原文

zǐ yuē hòu shēng kě wèi yān zhī lái
子曰："后生可畏，焉知来

zhě zhī bù rú jīn yě sì shí wǔ shí ér
者之不如今也？四十、五十而

wú wén yān sī yì bù zú wèi yě yǐ
无闻焉，斯亦不足畏也已。"

经典注释

畏：敬畏。　**焉知**：怎么知道。　**无闻**：没有名望。

经典解说

孔子说："年轻人是值得敬畏的，怎么知道将来的人们比不上现在的人们呢？但如果到了四十岁、五十岁还默默无闻，那他也就不值得敬畏了。"

这就是成语"后生可畏"的由来。

经典故事

"数学王子"高斯

一天，一个青年在吃完晚饭后，开始做导师布置给他的数学题。他很有数学天赋，因此导师每天给他布置较难的数学题作为训练。

像往常一样，他很快就顺利地完成了前两道题目。第三道题写在一张小纸条上，要求只用圆规和一把没有刻度的直尺画出正十七边形。青年绞尽脑汁，尝试了很多种方法，仍然没有解开第三道题。困难激起了青年的斗志，他拿起圆规和直尺，在纸上画着，尝试用一些不同寻常的思路去解这道题。时间一分一秒地过去，当清晨的第一缕阳光照耀大地时，青年长舒了一口气，他终于做出了这道难题！

见到导师时，青年感到有些内疚和自责。他对导师说："您给我布置的第三道题我做了整整一个晚上，我辜负了您对我的栽培……"导师接过青年的作业一看，立即惊呆了。他激动地对青年说："你知不知道，你解开了一道有两千多年历史的数学悬案？阿基米德没有解出来，牛顿也没有解出来，我最近正在研究这道难题，昨天给你布置题目时，不小心把写有这个题目的小纸条夹在了给你的题目里。你竟然用一个晚上就解出来了！你真是天才！"

这个青年就是德国著名的数学家高斯，他为人类做出了巨大的贡献，被誉为"数学王子"。

经典拓展

下面与"后生可畏"的意思相近的有（　　）。

A. 青出于蓝而胜于蓝　　B. 长江后浪推前浪

C. 后来者居上　　D. 生龙活虎

国学点睛

什么是生行?

生行作为戏曲中的一个主要行当，扮演净、丑以外的男性人物。包括了老生、小生、武生、红生等分支，表演上各有特点。

经典原文

zǐ yuē sān jūn kě duó shuài yě pǐ fū
子曰："三军可夺帅也，匹夫

bù kě duó zhì yě
不可夺志也。"

经典注释

三军：古制，一万二千五百人为一军。周朝时一个大诸侯国可拥有三军（三万七千五百人）。后来三军泛指军队。**夺**：改变。　**匹夫**：指平民中的男子，这里泛指平民百姓。

经典解说

孔子说："军队可以改变统帅，一个人却不能改变志向。"

经典故事

熊庆来立志报国

熊庆来是中国现代数学的先驱。他少年时就有报国志向。他认识到：要使国家富强，必须掌握科学知识，科学能强国富民。于是他赴欧留学。中华人民共和国成立后，他回到了祖国的怀抱。回国后，他发表了很多篇具有世界水平的数学论文，还培养了许多数学人才，为祖国做出了巨大贡献。

经典拓展

1　有关立志的名言还有很多，请你再写出几条。

2　请搜集东汉末人刘桢的诗歌《赠从弟》，读一读，并谈谈自己的感受。

经典原文

zǐ yuē suì hán rán hòu zhī sōng bǎi zhī
子曰：“岁寒，然后知松柏之

hòu diāo yě
后凋也。”

经典注释

岁：年，这里指一年将尽。　**寒**：寒冷。　**凋**：凋谢，这里指落叶。实际上，松柏并不落叶，而是换叶，旧的松针没落，新的松针已经长出来，所以四季长青。

经典解说

孔子说：“到了一年最寒冷的时节，才知道松柏是最后落下叶子的。”

孔子用松柏后凋作比喻，有“烈火见真金”“国乱识忠臣”“路遥知马力”“士穷显节义”的含义。

经典链接

陈毅咏青松：脍炙人口的诗歌《青松》的作者是谁？是陈毅元帅。只要朗诵起这首诗，人们就不由得追忆起他那凝聚在“大雪压青松，青松挺且直”等诗句中的高洁品格。

经典拓展

1　请将陈毅的《青松》一诗补充完整。

大雪压青松，青松挺且直。____________，____________。

2　人们把梅、兰、竹、菊称为“花中四君子”，你知道这四种植物象征了人的什么品格吗？

xiāng dǎng piān dì shí
乡党篇第十

经典原文

jiù fén zǐ tuì cháo yuē shāng rén
厩焚。子退朝，曰："伤人

hū bú wèn mǎ
乎？"不问马。

经典注释

厩：马棚，马房。后也泛指牲口房。

经典解说

马棚失火被焚毁了。孔子从朝廷回来，问："伤着人了吗？"却不问马。

这件事反映出了孔子以人为本的仁德。

经典故事

薪俸救民

清朝封疆大吏于成龙在广西担任地方官时，两袖清风，勤政爱民，被两广总督卢兴祖举荐为合州（今重庆合川）的知州。

于成龙赴任时，很多百姓哭着去送他，追送数十里才依依不舍地回家去。遇到歉收的年景，于成龙甚至以糠（kāng）代粮，把节省下来的口粮和薪俸用于救济灾民。因此百姓在歌谣中唱道：“要得清廉分数足，唯学于公食糠粥。”为了劝富户解囊救灾，他甚至把仅剩的一匹供骑乘的骡子也拉到市场上卖掉，卖得的十余两银子，在一天之内尽数施给了灾民。

于成龙一生为官清廉，爱民如子，很好地践行了孔子提倡的“仁者爱人”的理念。

经典拓展

1　历史上践行孔子仁爱思想的名人故事有很多，请查查资料，选择一个故事给大家讲一讲。

2　背一背。

（1）青，取之于蓝，而青于蓝；冰，水为之，而寒于水。

——《荀子》

（2）近朱者赤，近墨者黑。——［西晋］傅玄

（3）海纳百川，有容乃大；壁立千仞，无欲则刚。

——［清］林则徐

国学点睛

“节度使”是怎样的官职？

节度使是唐朝武官的一种，主要掌管军事、防御外敌，而没有管理州县民事、财政的职责。后来节度使也开始过问民事、财政。

xiān jìn piān dì shí yī
先进篇第十一

经典原文

zǐ gòng wèn shī yǔ shāng yě shú xián zǐ yuē shī yě guò shāng yě bù jí yuē rán zé shī yù yú zǐ yuē guò yóu bù jí

子贡问："师与商也孰贤？"子曰："师也过，商也不及。"曰："然则师愈与？"子曰："过犹不及。"

经典注释

师：即颛（zhuān）孙师，字子张。才高意旷，做事常有过分之处。　**商**：即卜商，字子夏。拘谨保守，做事常有不及之处。　**孰**：谁。　**愈**：胜过，更好。　**与**：同"欤"。语气助词，表疑问。　**犹**：似，如同。

经典解说

子贡问："颛孙师和卜商谁更好一些？"孔子说："颛孙师过头了，卜商还不够。"（子贡）说："那么是颛孙师好一些吗？"孔子说："做过头了和做得不够是一样的。"

这就是成语"过犹不及"的由来。

经典故事

愚者食盐

有一个愚者去朋友家做客，朋友请他吃饭。饭菜端上桌，愚者品尝后感觉味道寡淡，主人便命仆人在菜中加了点盐。愚者再吃，顿觉满口溢香。愚者大喜，心想：一点盐就可以让原本那么难吃的东西变得如此美味，那么多放些岂不更加好吃？于是便向主人要来整罐的盐，全部放入菜中。愚者再吃，饭菜咸得无法入口。

盐虽好，却需要控制在恰当的比例之内，超出了这个比例，盐就变成了负担。这个合适的比例，就是"度"，既不能过，也不能不及。就像凡事都有两个方面，每个方面都得照顾到。

经典拓展

1 说说你还知道哪些"过犹不及"的故事。

2 请说说"过犹不及"的近义词和反义词分别有哪些。

国学点睛

"桌""案"有何不同?

桌形结体一般不包括案，而案形结体不仅包括案，也包括同样类型的桌子。腿的位置决定了它们的名称，腿缩进来、不在四角的为案，腿安在四角的为桌。

yán yuān piān dì shí èr
颜渊篇第十二

经典原文

zhòng gōng wèn rén zǐ yuē chū mén rú jiàn dà bīn shǐ mín rú chéng dà jì jǐ suǒ bú yù wù shī yú rén zài bāng wú yuàn zài jiā wú yuàn zhòng gōng yuē yōng suī bù mǐn qǐng shì sī yǔ yǐ

仲弓问仁。子曰："出门如见大宾，使民如承大祭。己所不欲，勿施于人。在邦无怨，在家无怨。"仲弓曰："雍虽不敏，请事斯语矣。"

经典注释

仲弓：冉雍，字仲弓。孔子的学生。 **大宾**：贵宾。**使**：差遣。 **承**：承当，承办。 **欲**：想要得到的。 **邦**：诸侯的封国。 **家**：此处指卿大夫管辖的封地。

经典解说

仲弓问什么是仁德。孔子说："出门（工作、办事）如同去接待贵宾，差遣百姓如同去承办重大的祭祀。自己不愿意承受的，不要强加给别人。在诸侯国做官不会招致怨恨，在卿大夫家做官也不会招致怨恨。”仲弓说：“我虽然不聪敏，请让我按照您说的话去做吧。”

经典故事

的卢马

东晋大将军庾(yǔ)亮有一次驾车外出，有个热心人拦住他，关切地说：“将军，给您驾车的马中，有一匹是的卢马啊！”在古代，人们将额头上有白色斑点的马叫作的卢马。古人迷信地认为这样的马是凶马，骑它的人会有危险。

一旁的人纷纷劝说道：“将军，还是赶紧把这匹马卖了吧，不然会对您不吉利的啊！”谁知，庾亮却摆摆手说：“要是果真如此，我把这匹的卢马卖给别人，那不就害了别人吗？怎么可以因为对自己不利，就把凶险转嫁到别人身上呢？”

庾亮的言行体现了“己所不欲，勿施于人”的美好品德。

经典拓展

1　请你说说“己所不欲，勿施于人”的意思，并举例说明。

2　填一填。

仲弓曰：“雍虽不____，请____斯语矣。”

经典原文

sī mǎ niú yōu yuē rén jiē yǒu xiōng dì
司马牛忧曰：“人皆有兄弟，
wǒ dú wú zǐ xià yuē shāng wén zhī yǐ
我独亡。”子夏曰：“商闻之矣：
sǐ shēng yǒu mìng fù guì zài tiān jūn zǐ jìng
‘死生有命，富贵在天。’君子敬
ér wú shī yǔ rén gōng ér yǒu lǐ sì hǎi zhī
而无失，与人恭而有礼，四海之
nèi jiē xiōng dì yě jūn zǐ hé huàn hū wú
内，皆兄弟也。君子何患乎无
xiōng dì yě
兄弟也？”

经典注释

司马牛：又名司马耕，字子牛。孔子的学生。 **亡**：同“无”。 **商**：即子夏。 **敬**：慎重。 **四海**：指全国各地。古人以为中国四面环海。

经典解说

司马牛忧愁地说：“人家都有兄弟，唯独我没有。”子夏说：“我听说过：‘死生命中注定，富贵由天安排。’君子（只要）认真谨慎，没有过失，对人恭敬而有礼貌，天下的人都是兄弟呀。君子何必忧虑没有兄弟呢？”

经典故事

明成祖与苏禄东王

明成祖时期，郑和出使西洋，使中国声名远播。先后有三十多个国家派来了使者，苏禄国就是其中之一。苏禄东王一行到达京城时，明成祖隆重地接待了他们。

苏禄东王回国途中，在山东德州得急病去世了。明成祖亲自为他写祭文，又派官员前往吊祭，同时命令德州地方官员修造陵墓，为他举行隆重的葬礼。东王妃子等十人留在德州为东王守墓，丧期结束后，明成祖派人将他们送回本国。

此事充分说明，只要“君子敬而无失，与人恭而有礼”，四海之内就都有兄弟。

经典拓展

1　你是如何看待和同学之间关系的？

2　诗歌诵读。

送杜少府之任蜀州

［唐］王勃

城阙辅三秦，风烟望五津。
与君离别意，同是宦游人。
海内存知己，天涯若比邻。
无为在歧路，儿女共沾巾。

经典原文

zǐ yuē jūn zǐ chéng rén zhī měi bù
子曰："君子成人之美，不

chéng rén zhī è xiǎo rén fǎn shì
成人之恶；小人反是。"

经典注释

成：成全，促成。 **反是**：与此相反。

经典解说

孔子说："君子成全别人的好事，不帮别人做成坏事；小人与此相反。"

这就是成语"成人之美"的由来。

经典故事

水应该流向哪

战国时有一个十分高傲的水利专家叫白圭（guī），他在魏国做官时，受命治理洪水。有一次，白圭正在指挥筑坝，忽然孟子来访。白圭自负地说："我治理水患的本领可比大禹强多了！"

"白圭先生，你错了！"孟子严肃地说，"当年大禹治水，是按照水流的规律，疏通河道，把洪水导向四海，从根本

上免去了洪水对人们的危害。可你呢，在这儿建起大河堰，在那儿筑起高堤，让洪水流到别的国家去了。魏国的水患是免除了，可是邻国却要遭受水害之苦。你的治水做法，凡是有仁爱之心的人都会厌恶，有什么好夸耀的呢？”

听了这话，白圭非常羞愧。他听取孟子的建议，拆除了已筑好的堤堰，重新开始挖道疏水，既保证了魏国的安全，又没有损害邻国的利益。

孟子本着仁爱之心制止了白圭“以邻为壑”的治水做法，做了一件“不成人之恶”的好事。

经典拓展

1　如果你和你的好朋友同时参加班委竞选，在第一轮比赛时你就被淘汰了，而你的好朋友成功晋级了。在决赛时，他想让你和他一起表演一个节目来为自己拉选票，你会同意吗？为什么？

2　词语串。

静以修身　淡泊明志　和而不同　舍身取义

哗众取宠　骄奢淫逸　蝇营狗苟　寡廉鲜耻

3　填一填。

子曰：“君子成人之____，不成人之____；小人反是。”

国学点睛

什么是跑旱船？

一种民间舞蹈。每条船需有两名表演者，一人作乘船状，一人作摇橹状，且摇且晃。因船在平地上行走，故而得名。

经典原文

fán chí wèn rén　zǐ yuē　ài rén

樊迟问仁。子曰："爱人。"

经典注释

樊迟：又名须，字子迟。孔子的学生。　**爱人**：爱护人，关心人，尊重人，人与人之间要相亲相爱。

经典解说

樊迟问什么是仁。孔子说："爱人。"

经典故事

孔子的仁爱理想

一天，子路、子贡、颜回陪孔子出游，到了鲁国的农山。孔子向四面望了望，感慨道："在这里集中精力思考问题，什么样的想法都会出现啊！你们每个人都谈谈自己的理想吧！"

子路说道："我愿担当起保卫国家的责任，敌人如果从这里侵入，我会率军冲向敌人。"孔子淡淡地说："真是一员勇将。"

子贡道："如果这里是一个战场，齐、楚等国的军队在这里和鲁国的军队交战，我将到阵前游说，坦陈利害，使齐、楚退兵。"孔子仍然很平静地评论说："真是一个口才雄辩的外交家。"

颜回说："我希望鲁国有一

个贤明的国君，让我辅助他，实行教化，提倡良好的社会风气，使鲁国强大起来，与邻国和睦相处，永远没有战争。”孔子称赞说：“这是多么美好的前景，多么崇高的道德理想啊！”

三个学生从各自的角度表达出对国家的责任和自己的理想，但孔子认为，只有颜回最准确地领会了儒家的仁爱思想。

经典拓展

1 为什么孔子认为颜回的理想最符合仁爱思想？请给大家说一说。

2 请说说我们应该怎么做才能符合仁爱的标准。

3 诗歌诵读。

伤田家

［唐］聂夷中

二月卖新丝，五月粜新谷。
医得眼前疮，剜却心头肉。
我愿君王心，化作光明烛。
不照绮罗筵，只照逃亡屋。

国学点睛

踢毽子是从什么时候开始的？

踢毽子是我国民间的一项体育游戏。据推断，踢毽子最晚起源于两千多年前的汉代。

经典原文

zēng zǐ yuē jūn zǐ yǐ wén huì yǒu yǐ yǒu fǔ rén
曾子曰："君子以文会友，以友辅仁。"

经典注释

文：指诗书礼乐、文章学问。　**辅**：辅助。

经典解说

曾子说："君子以诗书礼乐和文章学问来结交朋友，依靠朋友互相帮助来培养仁德。"

这句话强调君子交友的方式和作用。人们以文会友，不仅是为了加深了解、发展友谊，同时也通过互相交流切磋，提高各自的学识水平和仁德修养。

经典故事

管鲍之交

春秋时期的管仲和鲍叔牙是好朋友。起初，他们合伙做生意，管仲家里穷，出的本钱少，可分红时，他却多拿。鲍叔牙手下的人骂管仲贪婪，鲍叔牙却说："他哪里是贪这几个钱？他家生活困难，是我自愿多分给他的。"

管仲带兵打仗，进攻时他躲在后面，撤退时他却跑在最前面。鲍叔牙说："管仲并不是真的怕死，他保护自己是为了侍奉家中的母亲。"

后来鲍叔牙辅佐齐国公子小白，管仲辅佐齐国公子纠。公子小白和公子纠争夺国君之位。为保公子纠登上王位，管仲曾用箭射公子小白。后来，公子小白继位为齐桓公。这时又是鲍叔牙说服齐桓公不计一箭之仇，重用管仲。

管仲因为有鲍叔牙的帮助，取得了事业上的成功。但管仲在病重时并没有举荐鲍叔牙，而是推荐了比鲍叔牙更有能力的人。对此，鲍叔牙却认为管仲做得对。他们在友谊上共同遵守的原则是公正无私。

鲍叔牙和管仲“以友辅仁”的故事传为千古佳话，后人常用“管鲍之交”“管鲍遗风”等称赞公正无私的友谊。

经典拓展

1 写一写。

成语“管鲍之交”中的“管”是指________，“鲍”是指________。这个成语常被用来形容交谊深厚的朋友。

2 你平时是如何结交新朋友的？并说说你是如何和朋友相处的。

3 填一填。

曾子曰：“君子以____会友，以友辅____。”

国学点睛

“还以颜色”的“颜”和“色”各是什么意思？

“颜”的本义指两眉之间，俗称印堂，也泛指脸色；“色”就是脸色。“还以颜色”中的“颜”“色”都是用的本义。

zǐ lù piān dì shí sān
子路篇第十三

经典原文

zǐ yuē qí shēn zhèng bú lìng ér xíng
子曰："其身正，不令而行；
qí shēn bú zhèng suī lìng bù cóng
其身不正，虽令不从。"

经典注释

正：端正。 令：号令，命令。

经典解说

孔子说："（统治者）自身品行端正，即使不下命令，百姓也会照着去做；（统治者）自身品行不端正，即使下了命令，百姓也不会听从。"

经典故事

齐灵公禁异服

春秋时期，齐国国君齐灵公爱看女扮男装，宫女们都穿起了男装。这样一来，都城的女子也纷纷穿上男装。

齐灵公不想让都城女子都仿效，于是让手下的官吏去查禁，规定"凡是女扮男装的，一经发现，就要撕破衣服，扯断衣带”。尽管措施严厉，但女扮男装的现象并未就此禁绝。

齐灵公问晏子为什么阻止不了。晏子说：“宫中的女子都穿男装，却要禁止宫外的女子穿男装，这好比在门外挂着牛头，在门里卖的却是马肉一样，怎能让人信服？”

于是，齐灵公下了一道命令：宫中女子一律禁止穿戴男人的服饰，恢复女装打扮。不到一个月，齐国女扮男装的怪现象便不禁自止了。

经典拓展

1　请说说“其身正，不令而行；其身不正，虽令不从”的意思，并说说哪个成语与这句话的意思相近。

2　学完了本则“经典原文”，如果你是班长，你想从哪些具体的事情中修正自己的行为，更好地做大家的榜样呢？

国学点睛

“浓墨宰相”是指谁？

刘墉擅长行书、小楷，其书法貌丰骨劲、味厚神藏，又因他官至体仁阁大学士，人们便称他为“浓墨宰相”。

经典原文

yè gōng wèn zhèng　zǐ yuē　jìn zhě yuè
叶公问政。子曰："近者说，

yuǎn zhě lái
远者来。"

经典注释

叶公：又名沈诸梁，楚国大夫，叶地长官。叶，旧读 shè。**说**：同"悦"，高兴、喜悦。　**来**：指投靠。

经典解说

叶公问怎样为政。孔子说："使近处的人民感到喜悦，远处的人民来投奔归附。"

经典故事

开元盛世

唐玄宗开元年间政局稳定，经济繁荣，文化昌盛，国力强大，是唐朝社会、经济和国力发展的巅峰时期。

"诗圣"杜甫有诗《忆昔二首》："忆昔开元全盛日，小邑犹藏万家室。稻米流脂粟米白，公私仓廪（lǐn）俱

丰实。”诗句的意思是说开元全盛时期，连小县城都有上万户人家。粮食连年获得丰收，稻谷装满了公家和私人的仓库，人民生活十分富裕。因为社会安定，天下太平，商业和交通也十分发达。唐都长安城里更是热闹非凡，当时的朝鲜和日本等很多国家的使臣、商人、学者、工匠都争相前往唐朝进行友好交往，开展贸易活动，学习文化和技术。一时间，真是“近者说，远者来”。中国封建社会出现了前所未有的盛世景象，这就是历史上有名的“开元盛世”。

经典拓展

1　辨音组词。

好 hǎo（　　）　hào（　　）

说 shuō（　　）　shuì（　　）

2　中国历史上的著名皇帝唐玄宗，他在执政前期是一位开明的皇帝，你知道我国历史上还有哪些开明的皇帝吗？你能说说他们的政绩吗？

国学点睛

“九州”的由来是什么？

“九州”最早出现在《尚书》中：“禹别九州，随山浚川，任土作贡。”意思是大禹在根治洪水后，将天下分为九个州，每个州按其土地等级向天子交纳贡赋。

经典原文

zǐ xià wéi jǔ fǔ zǎi wèn zhèng zǐ
子夏为莒父宰，问政。子
yuē wú yù sù wú jiàn xiǎo lì yù sù
曰："无欲速，无见小利。欲速
zé bù dá jiàn xiǎo lì zé dà shì bù chéng
则不达，见小利则大事不成。"

经典注释

莒父：鲁国城邑名，在今山东莒县境内。一说，在高密县东南。

经典解说

子夏到莒父当地方长官，问怎样为政。孔子说："不要求速成，不要贪图小利。想求速成反而达不到目的，贪图小利就做不成大事。"

这就是成语"欲速则不达"的由来。

经典故事

"欲速则不达"

有个年轻人拜师学剑法，师父便把剑法传授给他。年轻人问："我每天白天练习，要多久才能成功？""三个月。""我晚上不睡觉也练习，要多久？""三年。"年轻人吃了一惊："如果我白天黑夜都用来练剑，吃饭走路也想着练剑，那又要多久？""三十年。"这则故事告诉我们：欲速则不达，遇事除了要努力去做，还应顺其自然，才能成功。

陶渊明妙语劝少年

相传，有一天，一位少年向陶渊明请教学习妙法。

陶渊明拉着少年来到稻田旁，指着一棵禾苗说："你看，这棵禾苗是不是正在长高啊？"少年说："我怎么看不出来啊？"陶渊明说："如果没有长高，那春天种下去的种子怎么变成这么高的禾苗了呢？"少年还是不明白。陶渊明说："禾苗每时每刻都在成长，只是我们觉察不到而已。学习也是同样的道理，知识的增长也是长期一点一滴积累起来的，有时连自己都感觉不出，但只要持之以恒，勤学不已，就会积少成多。"少年终于明白了只有勤奋才能收获的道理。

经典拓展

1 "欲速则不达"的意思是：____________________。

2 你做过"欲速则不达"的事情吗？给大家讲讲，并说说以后将怎么做。

3 成语串。

循序渐进　　水滴石穿　　持之以恒　　水到渠成

一曝十寒　　矫枉过正　　过犹不及　　急于求成

经典原文

zǐ yuē jūn zǐ hé ér bù tóng xiǎo rén tóng ér bù hé

子曰："君子和而不同，小人同而不和。"

经典注释

和：和谐，调和，互相协调。　**同**：相同，同类，同一。

经典解说

孔子说："君子讲求和谐而不盲从附和，小人同流合污而不能和谐。"

经典链接

蔡元培"和而不同"治北大：蔡元培是中国近代杰出的民主革命家、教育家。他当北京大学校长时，采用"兼容并包"的方针改革北京大学。当时，保守派、维新派和激进派在北京大学都能获得同等机会来一争高下。背后拖着长辫子、心里眷恋帝制的老先生与思想激进的新派人物并坐讨论，同席谈笑，大家基本上达到了"和而不同"的境界。

经典拓展

1　有个成语与本则"经典原文"的意思相近，你知道吗？请说一说。

2　你认为蔡元培这种管理北大的方式怎么样？

xiàn wèn piān dì shí sì

宪问篇第十四

经典原文

zǐ yuē shì ér huái jū bù zú yǐ wéi shì yǐ

子曰："士而怀居，不足以为士矣！"

经典注释

怀：留恋，思恋。　居：家居，家庭。

经典解说

孔子说："士如果留恋家里的安逸生活，就不配做真正的士了！"

经典故事

巢林一枝

李沆(hàng)在宋真宗时高居宰相之位，但他所住的房屋却深藏在陋巷中，狭小低矮。

据说，李沆的夫人喜欢培植花草，于是在破旧的堂前辟出一块地，四周围上木栅栏，中间培植上花草，当作花圃。时间一长，木栅栏朽坏了。但李夫人决定暂不修葺(qì)，借以试探丈夫的态度。

李沆每天早晚出入堂中，却对栅栏的朽坏视而不见。李夫人对他发难说：“你常说居官以德，巢林一枝即可知足，不能起楼台、筑丰屋而毁德；可今日堂前栅栏如此不堪入目，你依然不理不睬，难道居官以德，竟是这样的吗？”

面对夫人的责问，李沆心平气和地说：“将栅栏整修一新，能花费多少？居官当思天下大道，不应斤斤计较于营造个人的安乐窝。我担心修葺之念一动，如不能停止，最终必有损于德，故不愿谈及此事。”

就这样，李府堂前的栅栏一直横七竖八地倒在地上，始终没有修葺。老百姓听闻此事，都交口称颂李沆是贤德的“圣相”。

经典拓展

1　传说中，大禹为治水三过家门而不入。请说说你对大禹的评价。

2　俗话说：“好男儿志在四方。”请谈谈你对这句话的理解。

3　填一填。

子曰：“士而怀____，不足以为____矣！”

经典原文

zǐ yuē jūn zǐ chǐ qí yán ér guò qí xíng
子曰："君子耻其言而过其行。"

经典注释

耻：以……为耻。　**过**：超过。

经典解说

孔子说："君子以说得多、做得少为耻。"

经典故事

纸上谈兵

战国时期，赵国大将赵奢曾以少胜多，大败秦军，被赵惠文王提拔为上卿。他的儿子赵括从小熟读兵书，谈起兵法来头头是道。然而赵奢却很替他担忧，说："将来大王不用他还好，如果用他，只怕赵军会断送在他手里。"

公元前 260 年，秦军又来犯，廉颇负责指挥抗敌。他叫兵士们修筑堡垒，深挖壕沟，跟远来的秦军对峙（zhì），以做长期抵抗。秦军就施

行了反间计，派人到赵国散布“秦国只害怕让年富力强的赵括带兵；廉颇不中用，眼看就快投降啦”的谣言。赵王上当受骗，派赵括替代廉颇指挥军队。

赵括死搬兵书，把廉颇制订的作战方案全部废除。秦军布置好埋伏，故意战败逃跑。赵括不知是计，拼命追赶，使赵军陷入秦军的重重包围之中。秦军万箭齐发，把赵括射死了，而数十万赵军，就这样在纸上谈兵的主帅赵括手里全部覆没了。

经典拓展

1　“光说不练假把式，光练不说傻把式，又练又说真把式。”说说你对这句话的理解。

2　填一填。

（1）当有的同学喜欢吹牛，而不付之于行动时，你会劝他说：“________________。”

（2）如果你曾经喜欢夸夸其谈，学了本则“经典原文”，你会想：“________________________________。”

3　成语串。

目中无人　　唯我独尊　　信口雌黄　　夸夸其谈

平易近人　　顾全大局　　实事求是　　言信行果

国学点睛

什么是版本？

同一部书因编辑、传抄、刻版、排版或装订形式等不同而产生的不同的本子就是版本。

经典原文

zǐ yuē bú huàn rén zhī bù jǐ zhī huàn
子曰："不患人之不己知，患
qí bù néng yě
其不能也。"

经典注释

患：忧虑，担心，怕。 **己知**：即"知己"，了解自己。 **不能**：没有能力。

经典解说

孔子说："不担心别人不了解自己，只担心自己没有能力。"

经典故事

墨子智胜公输般

公输般是鲁国著名的能工巧匠。有一年，他应聘到楚国，为楚王造云梯来攻占弱小的宋国。墨子知道后，决定亲自去说服楚王放弃攻打宋国。

墨子见到楚王，说："现在有这样一个人，不要自己华丽的马车，却想偷邻居的破车；不要自己艳丽的衣服，却想偷人家的破棉

袄；不要自己的精米和肥肉，却想偷邻居家的糠米屑。这算是怎样的人呢？”“这人一定害了偷盗病。”楚王听了，愤愤不平地说。

“是啊！”墨子把话头一转，义正词严地说，“楚国攻打宋国，就跟害了偷盗病的人差不多。”但羞愧的楚王仍坚持攻打宋国。墨子冷笑一声说：“我可以在大王面前与公输先生对阵。如果我赢了，大王可以停止攻打宋国吗？”楚王同意了。

演习开始了，公输般用了很多种方法攻城，都被墨子巧妙地击退了。在一旁观战的楚王惊愕地张着嘴巴。公输般想了想，说只有杀掉墨子才能赢。可墨子对楚王说，他的三百多个学生正拿着守卫的器械，同宋国的士兵和百姓一起，在宋国严阵以待。

墨子最终以自己的能力和胆识震慑（shè）住了楚王。楚王只好放弃了攻打宋国的计划。

经典拓展

1　“是金子总会发光的”，这句话说明了什么？

2　先请老师或同学评价一下自己，然后再说说自己是一个什么样的人。从中你得到了哪些启发呢？

国学点睛

什么是刻本？

刻本是古代用雕版印刷的方法印成的书籍。在雕版印刷的长期发展过程中，由于时代、地域、刻书者、版刻形态及印刷技术的不同，产生了类型各异的刻本。

有声朗读

wèi líng gōng piān dì shí wǔ
卫灵公篇第十五

经典原文

zài chén jué liáng cóng zhě bìng mò néng xīng
在陈绝粮，从者病，莫能兴。

zǐ lù yùn jiàn yuē jūn zǐ yì yǒu qióng hū
子路愠见曰："君子亦有穷乎？"

zǐ yuē jūn zǐ gù qióng xiǎo rén qióng sī làn yǐ
子曰："君子固穷，小人穷斯滥矣。"

经典注释

绝：断了。 **从**：跟随，跟从。 **病**：苦，困。这里指饿极了，饿坏了。 **兴**：起来，起身。这里指行走。 **愠**：恼怒，怨恨。 **穷**：困厄，处于困境。 **固**：安守，固守。 **滥**：像水一样溢出、泛滥。引申为人没有操守，不能约束自己，什么事都干得出来。

经典解说

（孔子与弟子们）在陈国断了粮食，跟随的人都饿坏了，不能起身行走。子路一脸怒气地来见孔子说："君子也有困厄的时候吗？"孔子说："君子在困厄的时候也能保持自己的节操，小人在困厄时就不能约束自己而胡作非为了。"

经典故事

落榜之后

陈亮是南宋的思想家和文学家。十几岁那年，陈亮参加了科举考试，但没考中。朋友来安慰他，他却说："我本来就没把这件事放在心上！你看看我写的这个吧。"

朋友一看，是一首赞美李白的《谪（zhé）仙歌》，其中写道："我生恨不与同时，死犹喜得见其诗。岂特文章惟足法，凛凛气节安可移……脱靴奴使高力士，辞官妾视杨贵妃。此真太白大节处，他人不知吾亦知……"朋友读罢，激动地说："我明白你的心思了。李白当年也没有考取进士，可他的气节和才华，使所有的唐朝进士都暗淡无光。"

几年后，陈亮再次参加考试。因为他在文章里的一些主张和朝廷的策略相反，所以，他又没有考上。但他仍然非常关心国家的命运，多次上书皇帝，要求改革，以完成收复中原的大业。他还创立了具有进步倾向的"永康"学派。他的思想在当时和后世，都产生了较大的影响。

陈亮在遭受挫折的时候，仍坚持自己的志向和节操，最终取得了巨大的成就，非常值得我们敬佩。

一生俭朴的宰相

季文子是春秋时期鲁国的执政官，虽然他的地位很高，但是生活却十分俭朴。

他的一个朋友曾对他说："您现在身份这样高贵，应该穿华丽的衣裳，乘坐豪华一点的马车。"季文子说："我也很想生活得气派一点，但我身为国相，怎能只顾自己享乐，而不顾老百姓的生活呢？"朋友听后很惭愧，对他拱手说："我的德行真是有限。现在我终于明白您为什么能做两朝的国相了！"

经典拓展

1　我国近代有一位著名的爱国作家，他在解放战争期间拒绝吃美国供给的救济粮，最终在贫困交加中去世。临死的时候，他还要求自己的家人不要吃美国的粮食。你知道这位作家是谁吗？请找出他的作品读一读吧。

2　"嚼得菜根，做得大事"是南京师范大学附属中学的校训。你知道这句话的内涵吗？不知道的话，请查查资料。

3　填一填。

子曰："君子固____，小人穷斯____矣。"

经典原文

zǐ yuē zhì shì rén rén wú qiú shēng
子曰："志士仁人，无求生

yǐ hài rén yǒu shā shēn yǐ chéng rén
以害仁，有杀身以成仁。"

经典注释

志士：有志之士。仁人：仁义之人。求生：贪生怕死，为保活命而苟且偷生。害：损害。杀身：勇于自我牺牲，为仁义而死。

经典解说

孔子说："有志之士，仁义之人，不会为了保住生命而损害仁德，只会为成全仁德而勇于献出自己的生命。"

这就是成语"杀身成仁"的由来。

经典故事

"我自横刀向天笑"

谭嗣（sì）同是清末维新变法的领袖之一。1898 年的"百日维新"中，慈禧太后为了阻止维新变法，发动政变，把光绪皇帝囚禁了起来。

政变一发生，便有人来通风报信。当时，谭嗣同如果立即逃走还来得及，但他非常镇静，始终没有打算逃走。他说："我国两百年来，未有为民变法流血者，流血请自嗣同始。"他把收拾好的书稿送给了将要避难日本的梁启超。

1898年9月24日早晨，谭嗣同被逮捕。狱中的谭嗣同从容自若，在墙上题了一首诗："望门投止思张俭，忍死须臾待杜根。我自横刀向天笑，去留肝胆两昆仑。"9月28日，他被绑赴刑场。临刑时，他高昂着头，对前来观望的老百姓大声说道："有心杀贼，无力回天，死得其所，快哉快哉！"

谭嗣同"杀身成仁"的高贵品德和视死如归的英雄气概，鼓舞了后来众多寻求救国救民真理的仁人志士。

经典拓展

1　请说说成语"杀身成仁"的意思。并请写出它的两个近义词。

2　你还知道哪些爱国志士的故事？讲给大家听听。

3　成语串。

赴汤蹈火	宁死不屈	义无反顾	视死如归
刚正不阿	杀身成仁	舍生取义	大义凛然

国学点睛

什么是百衲本？

百衲本为书籍出版术语，是指用许多不同的版本汇集而印成的书籍。

经典原文

zǐ yuē rén wú yuǎn lǜ bì yǒu jìn yōu

子曰："人无远虑，必有近忧。"

经典注释

虑：考虑。　**忧**：忧患。

经典解说

孔子说："人（如果）没有长远的考虑，必定会有近在眼前的忧患。"

经典链接

有备无患：战国时，晋国在关键时候帮助郑国免受其他国家的围困。为了答谢晋国，郑国国君送给晋国国君晋悼公许多美女、乐器、乐师等。收到这些礼物，晋悼公十分高兴，并且将一半的美女赏给功臣魏绛。没想到魏绛不但一口拒绝，还劝晋悼公在国家强盛时不能大意，在享乐时应该想到国家可能碰到的困难和危险，这样才能随时做好应付的准备。晋悼公一听觉得非常有理，立即接受了他的意见。

经典拓展

1　给大家讲一个"人无远虑，必有近忧"的故事。

2　词语串。

居安思危　防微杜渐　亡羊补牢　有备无患

春华秋实　秋收冬藏　未雨绸缪　防患未然

经典原文

zǐ yuē jūn zǐ bù yǐ yán jǔ rén bù
子曰："君子不以言举人，不

yǐ rén fèi yán
以人废言。"

经典注释

言：言辞，言论。 举：举荐，提拔。 废：废弃。

经典解说

孔子说："君子不根据言论推举、选拔人才，也不因为一个人有缺点、错误而废弃他有价值的言论。"

经典故事

朱元璋惜才用囚犯

朱元璋是明朝的开国皇帝，建国伊始，百废待兴，他常常要求大臣向他荐举人才。一天，徐达将军派人押着一个囚犯，要见皇上。

原来，徐达领兵攻占河南时，元朝的统治者落荒而逃，河南各地官员纷纷投降，只有这个郭云拒不投降。徐达喝令郭云跪下，郭云冷冷地说："大

丈夫只能站着死，不求跪着生。我既败在你们手下，只求速死，不望生还！”

徐达见他宁死不屈，觉得此人不同寻常，必须妥当处理，随即写了奏折，将郭云押往京师，请朱元璋亲自发落。

朱元璋立即召见郭云，与他谈论国家大事。谈话间，朱元璋暗暗叹服郭云的才学，说：“你是一个很有才学的人。徐将军爱惜人才，才将你押解来见我。现在元朝将要为我大明所灭，只要你愿意归顺我大明，我将委以重任。”郭云见元朝统治已土崩瓦解，朱元璋又礼贤下士，就表示愿意归顺。朱元璋大喜，遂以礼相待，不久即封郭云为溧(lì)水知县。

作为皇帝，朱元璋不因郭云是个囚犯而轻视他，并且与他畅谈国事，“不以人废言”，这是非常不容易的。

经典拓展

1 “人微言轻”是什么意思？你认同这种观点吗？请举例说明。

2 历史上“以言举人”的例子不少，你能搜集一些吗？

3 成语串。

知无不言	言无不尽	言不由衷	口蜜腹剑
人尽其才	齐心协力	妄自尊大	目中无人

国学点睛

什么是监本？

后世将各朝国子监刻印的书籍统称为“监本”。

经典原文

zǐ yuē guò ér bù gǎi shì wèi guò yǐ

子曰："过而不改，是谓过矣。"

经典注释

改：改正，纠正。

经典解说

孔子说："有过错却不改正，这才叫过错呢。"

经典故事

南辕北辙

从前有个人想从魏国去楚国。楚国在南面，可这人却向北走。

路人劝他："你应该往南走，方向错了。"那人满不在乎地说："没关系，我的马快！""方向错了，你的马再快，也到不了！""没事，我带的路费多！""可你走的方向不对呀！"那人不耐烦地说："我的车夫赶车的本领高！"殊不知，马再快、路费再多、赶车的本领再高，方向不对，只会离目的地越来越远。

经典拓展

1　请以"知错不改害处多"为主题，给大家做演讲。

2　请搜集故事"邻人攘鸡"，讲给大家听，并说说这个故事给你的启发。

3　成语串。

文过饰非　掩人耳目　掩耳盗铃　自欺欺人

惩前毖后　痛改前非　有则改之　改过自新

经典原文

zǐ yuē dāng rén bú ràng yú shī
子曰："当仁，不让于师。"

经典注释

当：遇到。 **仁**：仁义。 **让**：谦让。

经典解说

孔子说："遇到可以实行仁德的机会，对老师也不必谦让。"

这就是成语"当仁不让"的由来。

经典故事

范缜不让王子

范缜（zhěn）是南北朝时期的著名思想家。与范缜同时代的竟陵王萧子良是皇帝的二儿子，他信佛。有一次，萧子

良对手下说："范缜经常说一些反对信佛的话，和我唱反调，得找机会把他驳倒才行。"

几天之后，范缜被萧子良邀请到西邸官舍。他刚坐下，萧子良就开口了："范先生一直不相信因果报应。那么，我请教一下，为什么人世间有的富贵，有的贫贱；有的享福，有的受苦呢？"

范缜不慌不忙地说："请看看窗外那棵大树吧！树上的花儿凋谢时，有些花瓣飘落在席子和坐垫上，也有些花瓣飘进茅厕、掉进粪坑。这完全是偶然的，根本不会是谁事先安排的。"

他又笑着对萧子良说："殿下，您生在皇室，享受荣华富贵，就好比飘落在席子和坐垫上的花瓣；像我，一生贫贱，正像那掉进粪坑的花瓣。如果这是前生的报应，那谁知道自己上辈子干了什么好事，干了什么坏事呢？"

范缜的话，一板一眼，流畅自如，说得萧子良满脸通红，不知道该怎么反驳。这场辩论，范缜胜利了。

经典拓展

1　当发现老师讲课的内容有错误时，你会怎么做呢？

2　读一读。

(1) 人的天职在于勇于探索真理。——[波兰]哥白尼

(2) 我爱我师，我更爱真理！——[古希腊]亚里士多德

(3) 弟子不必不如师，师不必贤于弟子。——[唐]韩愈

3　填一填。

子曰："当仁，不让于____。"

国学点睛

什么是巾箱本？

巾箱本指开本很小的图书，意思是说可置于巾箱之中。

经典原文

zǐ yuē yǒu jiào wú lèi
子曰："有教无类。"

经典注释

无类：不分类别。孔子提倡全民教育，主张对各类人都平等看待，都施以教育。

经典解说

孔子说："对谁都进行教育，不分（贫富、智愚等）类别。"

孔子的学生中各种类别的都有：曾参是鲁人，子张是陈人，子长是齐人，子游是吴人。颜路与颜回，曾点与曾参，两对父子同是孔子的学生。高柴愚笨，曾参迟钝，子张偏激，仲由鲁莽。子贡是卫国商人，颜涿聚当过强盗。正是由于孔子"有教无类"，才使这些平民、商人，甚至强盗，受教育后成为社会上的贤达之士。

经典故事

人人可教

互乡是一个风俗败坏的村落。一天，互乡的一个小男孩前来求见孔子，希望拜师上学。许多弟子都劝说孔子不要接见他，然而孔子还是派人把他喊了进来。出人意料的是，小男孩有礼貌地行礼，说道："我父亲让我来问先生，小孩到什么年龄才适合上学？"孔子听后高兴地答道："只要能认字，听得懂我的讲义就行了，没有一定的年龄限制。"

经典拓展

1　虽然孔子早就倡导“有教无类”，但在古代，穷人并不能享受良好的教育。然而，仍有许多人出身贫寒却刻苦学习，最终取得了伟大的成就。请搜集他们的故事，读一读。

2　根据示例填成语。

例：有（教）无（类）

有（　　）无（　　）　　有（　　）无（　　）

有（　　）无（　　）　　有（　　）无（　　）

有（　　）无（　　）　　有（　　）无（　　）

国学点睛

何谓永字八法？

阐述楷书点画用笔的一种方法，以“永”字八笔为例，故名。包括：侧（点）、勒（横）、努（直笔）、趯（tì，钩）、策（仰横）、掠（长撇）、啄（短撇）、磔（zhé，捺）。

jì shì piān dì shí liù

季氏篇第十六

经典原文

kǒng zǐ yuē yì zhě sān yǒu sǔn zhě sān
孔子曰："益者三友，损者三

yǒu yǒu zhí yǒu liàng yǒu duō wén yì yǐ
友：友直，友谅，友多闻，益矣；

yǒu pián pì yǒu shàn róu yǒu pián nìng sǔn yǐ
友便辟，友善柔，友便佞，损矣。"

经典注释

谅：诚实，诚信。 **多闻**：学识广博。 **便辟**：谄媚逢迎。 **善柔**：阿谀奉承。 **便佞**：善于花言巧语而言不符实。

经典解说

孔子说："有益的朋友有三种，有害的朋友也有三种：与正直的人交友，与诚信的人交友，与博学多闻的人交友，是有益的；与谄媚逢迎的人交友，与阿谀奉承的人交友，与花言巧语的人交友，是有害的。"

经典故事

宋璟毁碑辨佞人

宋璟(jǐng)是唐代著名的政治家。他为人正直,厌恶阿谀奉承。当时,有一些官员为了巴结他,就偷偷地为他立了一座"遗爱碑"。宋璟下令拆毁石碑,然后向玄宗上书说:"请皇上下令禁止为生人立碑,以免遗患。"皇帝对此大加称赞。

宋璟任宰相时还兼任吏部尚书。一天,吏部主事对宋璟说:"有个姓范的隐士,才学出众。这样的人才隐居山林,对朝廷是个损失。"宋璟一听,急忙问道:"隐士在何处?你看过他的文章吗?"主事随即把范隐士写的《良宰论》递给宋璟。

宋璟看文章的开头写得还不错,但读到论述当今是"河清海晏,国泰民安;朝无佞臣,国无外患"时,他连连摇头,等读到赞扬他宋璟的语句时,便甩手把文章扔到地上。

主事忙问缘故,宋璟生气地说:"这种人心术不正,只会奉承,满纸虚情假意,花言巧语。你告诉他,想要出来做官,首先要做个诚实正直的人!"

经典拓展

1　讲一讲你所知道的朋友之间感人的故事。

2　词语串。

管鲍之交　　总角之交　　忘年之交　　莫逆之交

患难之交　　金兰之交　　刎颈之交　　生死之交

3　填一填。

孔子曰:"益者三友,损者三友:友_____,友_____,友__________,益矣;友__________,友__________,友__________,损矣。"

yáng huò piān dì shí qī

阳货篇第十七

经典原文

zǐ yuē xìng xiāng jìn yě xí xiāng yuǎn yě

子曰："性相近也，习相远也。"

经典注释

性：人的本性，性情，先天的智力、气质等。　**习相远**：指由于社会影响和所受教育等不同，人的后天的行为习惯会有很大的差异。

经典解说

孔子说："人的本性是相近的，只因为受不同环境的影响，习性便相差很远了。"

孔子勉励人们为学，通过学习提高自己的修养。

经典故事

父子异志

颜延之是南朝宋人，虽任过始安太守、中书侍郎等职，但恪守勤俭之道，常年穿粗布衣服，住在茅屋里。而颜延之的儿子颜竣，官至侍中，平常做事趾高气昂，不可一世。

一天，颜延之乘坐破旧的牛车出游，见前呼后拥地过来一队人马，而那华丽的马车上坐着的正是他的儿子颜竣。颜延之被驱赶到纷纷躲避的人群中，看着儿子傲慢的神情，听着路人的议论，他心里颇不是滋味。事后，颜竣来见父亲，颜延之将头侧向一边，不愿理睬他。颜竣讨了个没趣，只好走了。

又有一次，颜竣大兴土木，房屋建好后，他得意扬扬地请父亲搬去同住，颜延之冷冷地说："这等子贵父荣之事我不想沾边，还是你自己去享受吧。"

还有一次，颜延之因事不得不去见儿子。到了门前，只见黑压压地站满了等着求见的人，而颜竣仍高卧未起。颜延之大怒，用力拨开拦阻的门人，径直走到儿子的床前，指着他怒斥了一通，然后头也不回地走了。

不久，颜延之在对儿子恨铁不成钢的悲愤中去世。就在他死后不久，颜竣也因事被皇帝下令处死。

由于后天影响的不同，父亲勤俭守志，儿子骄奢失德。这非常值得我们深思。

经典拓展

1　请搜集有关"狼孩"的资料，并给大家讲讲他们的故事。

2　读一读。

(1) 人之初，性本善，性相近，习相远。　——《三字经》

(2) 如果不受教育，好的禀赋是靠不住的。

——[古希腊]苏格拉底

有声朗读

经典原文

zǐ yuē xiǎo zǐ hé mò xué fú
子曰："小子！何莫学夫

shī shī kě yǐ xīng kě yǐ guān kě
《诗》？《诗》可以兴，可以观，可

yǐ qún kě yǐ yuàn ěr zhī shì fù yuǎn zhī
以群，可以怨。迩之事父，远之

shì jūn duō shí yú niǎo shòu cǎo mù zhī míng
事君。多识于鸟兽草木之名。"

经典注释

小子：弟子们。 **《诗》**：指《诗经》。 **兴**：这里指激发人的意志和感情。 **观**：这里指提高人的观察能力。 **群**：使合群。 **怨**：怨刺，讥讽。 **迩**：近。 **事**：侍奉。

经典解说

孔子说："弟子们，你们为什么不去学习《诗经》呢？《诗经》可以激发人们的意志和情感，可以提高观察能力，可以调和人际关系，可以抒发心中的怨恨不平。近可以用来侍奉父母，远可以用来侍奉君主。还可以多了解一些鸟兽草木的名称。"

经典故事

诗的人生

我国南宋爱国诗人陆游一生写诗近万首，其诗充满强烈的爱国主义精神。

陆游自幼刻苦攻读诗书，十二岁就会写诗了。二十九岁这年，他参加锁厅试，得了第一名，第二年参加礼部试竟然落榜了。原来他的排名在秦桧的孙子前面，秦桧大怒，指示主考官不得录用他。

遭到打击的陆游非常气愤，可报国的信念并没改变。回到故乡后，他一面努力写诗，抒发抗金的激情和心中的悲愤情绪；一面研读兵书，练习剑术，随时准备杀敌报国。

直到秦桧死了，陆游才得到为国效力的机会。但随着投降派的得势，不久，他被罢了官，到四十四岁那年才被重新任用。这期间，他写了大量激动人心的爱国诗篇，都收集在《剑南诗稿》中。可惜好景不长，朝廷中的投降派势力又抬头了，陆游又被罢官，但他始终不忘国家遭受外敌欺侮的耻辱。八十五岁那年，病危的陆游写下了《示儿》这首诗，将收复国土的希望寄托在子孙后代的身上。

陆游一生与诗结缘，以诗表达自己的爱国志向，又以一首充满血和泪、传诵千古的《示儿》，激励着一代又一代爱国的中华儿女。

经典拓展

1 填一填。

《诗经》是我国第一部__________，最早被称为________，共有________篇。按照内容，可分为________、________、________三类。

2 背一背。

示子遹（节选）

［南宋］陆游

诗为六艺一，岂用资狡狯？

汝果欲学诗，工夫在诗外。

有声朗读

经典原文

zǐ yuē dào tīng ér tú shuō dé zhī qì yě

子曰："道听而涂说，德之弃也！"

经典注释

道听：在路上听到的不可靠的传闻。　**涂说**：途中又向别人传说。涂，同"途"。

经典解说

孔子说："听到传闻不加考证就随意传播，从道德方面来讲，是应当抛弃的。"

经典链接

三人成虎：庞葱问魏王："如果有一人对您说他看见闹市中有只老虎，您信吗？"魏王说："我当然不信。""如果两个人对您这样说呢？""我也不信。""如果三个人都说亲眼看见了呢？""既然这么多人都说看见了老虎，肯定确有其事，那我信。"闹市是人口集中的地方，一般不会有老虎，但说的人多了，如果不加以分析思考，往往会信以为真。

经典拓展

1　请举个例子说明"道听途说不可信"的道理吧。

2　词语串。

捕风捉影	无中生有	众口铄金	积毁销骨
道听途说	以讹传讹	无稽之谈	三人成虎

wēi zǐ piān dì shí bā

微子篇第十八

经典原文

zǐ yuē bú jiàng qí zhì bù rǔ qí shēn bó yí shū qí yú

子曰："不降其志，不辱其身，伯夷、叔齐与！"

经典注释

降：降低，改变。 **辱**：辜负，辱没。 **身**：身份。 **与**：同"欤"，语气词。

经典解说

孔子说："不降低自己的志向，不辱没自己的身份，这样的人就是伯夷、叔齐吧！"

经典故事

耻食周粟

伯夷和叔齐是商朝末年孤竹国国君的两个儿子，都有贤德。为了不和弟弟争王位，伯夷偷偷离开了王宫。叔齐知道后很不安，也逃离王宫去找哥哥。

叔齐总算找到了伯夷，但他们都无法说服对方回去继承王位，最后只能由孤竹君的另一个儿子做国君。兄弟俩则一路跋涉来到商朝的附属国周国安身。

斗转星移，周国武王决定出兵讨伐暴虐的纣王。伯夷、叔齐抱着传统的观念，认为这是臣子造反，极力劝说武王罢兵，可武王不听。

武王灭了商朝，建立了周朝。伯夷、叔齐再也不愿在武王身边待下去，来到了人烟稀少的首阳山住下。他们认为故国灭亡，再吃周王朝地里长出的五谷瓜菜是件可耻的事，就整天吃山上的野菜度日。

一天，兄弟俩在山上找野菜时遇上了一个村妇，她劝说他们到山下村子里找点吃的。伯夷、叔齐连连摇头："我们宁愿吃野菜，也不愿吃周人地里长出来的粮食。"村妇听后说道："可现在普天之下，哪一块土地不是周天子的呢？这些野菜不也是周人山上长的吗？"他俩一听，气愤地说："那么，我们连野菜也不吃了。"不久，他们便饿死在首阳山上了。

骁勇爱国的辛弃疾

辛弃疾是南宋时期杰出的文学家、军事家。他从小便立志报国、收复失地，并为此苦修剑法。

为了抵抗金人的蹂躏，辛弃疾二十多岁时就建立起了一支数千人的义军，后又与耿京为首的义军合并。一次，义军

中出了叛徒，叛徒将印信偷走，准备投靠金人。辛弃疾手提利剑，单枪匹马追贼两日，第三天提回一颗人头。为了光复大业，他又说服耿京南归，并南下建康（今江苏南京）亲自联络。辛弃疾完成了任务，高高兴兴地回去，经过海州时却听说耿京被人杀害了。辛弃疾大怒，跃马横刀，只率领数骑突入敌营生擒叛将，又奔突千里，将其押解至建康正法，并率万人南下归宋。

经典拓展

1　学了这一篇，你认为自己应该树立什么样的志向？请给大家说一说。

2　诗歌诵读。

己亥杂诗

［清］龚自珍

浩荡离愁白日斜，吟鞭东指即天涯。
落红不是无情物，化作春泥更护花。

国学点睛

什么是坊刻本？

坊是指市面上的书坊，凡由书坊刊印的书统称为坊刻本。

有声朗读

zǐ zhāng piān dì shí jiǔ

子张篇第十九

经典原文

zǐ xià yuē rì zhī qí suǒ wú yuè wú wàng qí suǒ néng kě wèi hào xué yě yǐ yǐ

子夏曰："日知其所亡，月无忘其所能，可谓好学也已矣。"

经典注释

子夏：卜氏，名商，卫国人。孔子的学生。 **亡**：同"无"。这里指自己不会的知识、技能，不懂的道理等。 **能**：（学会的）技能。

经典解说

子夏说："每天知道一些过去不知道的知识，每月不忘记已经掌握的东西，这样就可以称为好学的人了。"

经典故事

好学的列宁

列宁九岁多就上初一了，别看他在班里年龄最小，学习成绩却很好。他有个好习惯：每天早晨很早起床，漱洗完毕，就抓紧时间把功课复习一遍。

一天，列宁听到妹妹在隔壁练钢琴，那是一段很短的曲子，她弹了一遍又一遍，直到没有一点错才停下，列宁感动地说：“这种劲头真让人佩服！”他觉得应该学习妹妹这种刻苦的精神。从此以后，他做功课格外认真，而且做的比老师规定的还要多。他还经常找些课外书阅读，认真地做读书笔记。

这样一来，列宁很快就掌握了许多知识，逐渐成为一个博学的人。

经典拓展

1　亲爱的同学，今天你学会了哪些新的知识？请再回忆一下与新知识有关系的旧知识吧。

2　下面是一些描写勤奋刻苦的成语，说说它们的意思。不知道的，请查阅相关资料。

焚膏继晷	闻鸡起舞	韦编三绝	入木三分
卧薪尝胆	牛角挂书	凿壁偷光	圆木警枕

国学点睛

什么叫蝌蚪书？

蝌蚪书是古文书体的一种。笔画多头粗尾细，形如蝌蚪，故而得名。

经典原文

子贡曰："君子之过也，如日月之食焉：过也，人皆见之；更也，人皆仰之。"

(zǐ gòng yuē jūn zǐ zhī guò yě rú rì yuè zhī shí yān guò yě rén jiē jiàn zhī gēng yě rén jiē yǎng zhī)

经典注释

过：过错。　**皆**：都，全部。　**更**：改变，改正。　**仰**：仰望，景仰。

经典解说

子贡说："君子的过错，就如同日食和月食一样：他们所犯的过错，人们都能看得见；一旦改正，人们都会仰望。"

经典链接

亡羊补牢：羊逃跑了赶紧修补羊圈，也不算晚。这是出自《战国策·楚策》的故事，告诉我们发现错误后，如果赶紧去挽救，还不为迟。比如一个企业家，因错误估计了形势而轻举冒进，陷入困窘的境地，如果他耐心地从这次错误中吸取教训，从头做起，还不算晚。

经典拓展

1　请说说"过而能改，善莫大焉"的意思。你有过这样的经历吗？

2　填一填。

子曰："过而不改，是谓____矣。"

经典原文

wèi gōng sūn cháo wèn yú zǐ gòng yuē zhòng
卫公孙朝问于子贡曰：“仲
ní yān xué zǐ gòng yuē wén wǔ zhī dào
尼焉学？”子贡曰：“文、武之道，
wèi zhuì yú dì zài rén xián zhě shí qí dà
未坠于地，在人。贤者识其大
zhě bù xián zhě shí qí xiǎo zhě mò bù yǒu
者，不贤者识其小者。莫不有
wén wǔ zhī dào yān fū zǐ yān bù xué
文、武之道焉。夫子焉不学？
ér yì hé cháng shī zhī yǒu
而亦何常师之有？”

经典注释

公孙朝：卫国大夫。　**文、武之道**：指周文王、周武王治国安邦之道。　**坠于地**：掉到地上。这里指被人们轻视而遗弃，被人遗忘，失传。　**常师**：固定的老师。

经典解说

卫国的公孙朝问子贡：“仲尼的学问是从哪儿学来的？”子贡说：“周文王、周武王之道并未失传，还有人能记得。贤能的人了解大的方面，不贤的人了解小的方面。天底下没有哪个地方不存在周文王、周武王之道。夫子何处不能学习呢？又为什么要有固定的老师呢？”

经典链接

顾炎武广交贤友：顾炎武，明末清初名扬四海的大学者，他一生广交贤友，拜过许多老师。有一次，他在研究《礼》的时候遇到了一位私塾先生张尔岐（qí）。他听到张尔岐谈论《礼》这部书时很有见地，就不顾自己大学者的身份亲自上门请教，互相切磋讨论。后来，他写作《日知录》时还采用了不少张尔岐的观点。

圣人无常师：孔子的学生子贡说孔子不是只向某一个人学习，而是向众人学习。传说孔子曾经问礼于老聃（即老子），访乐于长弘，问官于郯子，学琴于师襄。所以，唐代散文大家韩愈说：“圣人无常师。”

经典拓展

1　“三人行，必有我师焉”是谁说的？什么意思？

2　诗歌诵读。

戏为六绝句

［唐］杜甫

未及前贤更勿疑，递相祖述复先谁？
别裁伪体亲风雅，转益多师是汝师。

国学点睛

“石鼓文”是一种什么样的文字？

“石鼓文”是我国现存最早的刻石文字，因其文字被刻在鼓形的石头上，故被称为“石鼓文”。

yáo yuē piān dì èr shí

尧曰篇第二十

经典原文

kǒng zǐ yuē bù zhī mìng wú yǐ wéi jūn zǐ
孔子曰："不知命，无以为君子

yě bù zhī lǐ wú yǐ lì yě bù zhī yán wú
也；不知礼，无以立也；不知言，无

yǐ zhī rén yě
以知人也。"

经典注释

命：命运，天命。 **礼**：礼法。 **言**：别人的言论。

经典解说

孔子说："不懂得天命，就无法做君子；不懂得礼法，就无法立足于社会；不懂得分析辨别他人的言论，就无法了解、认识他人。"

经典故事

鲁迅弃医从文

大文豪鲁迅先生本来是学医的，在日本留学期间，他看了一部反映日俄战争的电影。影片里有个中国人给俄国人当间谍，被日本人抓住了，行刑时，所有围观的中国人却在高声叫好。这让他觉得学医并非一件要紧的事，关键是要唤醒中国老百姓。从此，鲁迅用手中的笔作为武器，向黑暗的旧社会发起了挑战。

明察秋毫的法官

有个姑娘在河边洗衣服，小偷趁她不注意，把她放在岸边石头上的一对金戒指偷走了。

姑娘向法官报了案。法官查问小偷，小偷说：“戒指是我死去的母亲给我的。”法官想了想，说：“此案没有旁证，干脆你们一人拿走一枚戒指算了。”小偷想：“这倒不错！一是顺从了法官，二是不花代价就得到一枚金戒指。”于是点头同意。姑娘却大声地说：“我不同意这样做，您的判决不公平。”法官说：“好了！现在证明金戒指是这个姑娘的。因为那本是她的东西，所以她不想无缘无故送给别人；而你这个无赖不需代价就能得到一枚金戒指，所以你同意这样做。”

就这样，法官根据姑娘和小偷的态度，判断出了金戒指的主人是谁。

经典拓展

1　人们常说：“一千个读者，就有一千个哈姆雷特。”同理，也可以说：“一千个读者，就有一千个孔子。”说说你心目中的孔子，并大胆地写下来吧。

2　学完本书，你获得了哪些知识和启发？请与大家交流一下。

国学点睛

“本末倒置”的“本”“末”各指什么？

《说文》解释为：“木下曰本”“木上曰末”。木，就是树，“木下”和“木上”分别指树根和树梢。